Betrachtungen zum Rosenkranz

Nach den Visionen der begnadeten
Seherin Anna Katharina Emmerick

Herausgegeben von P. Beda Müller OSB

fe
fe-medien, kisslegg

2. Auflage 2009
Herausgegeben von P. Beda Müller OSB
Bilder von Susanne Scholz
ISBN: 978-3-939684-60-2

Druck: Pustet, Regensburg
Printed in Germany

Betrachtungen zum Rosenkranz

Nach den Visionen der begnadeten Seherin Anna Katharina Emmerick

Inhalt

Die freudenreichen Geheimnisse

9

Die lichtreichen Geheimnisse

35

Die schmerzhaften Geheimnisse

58

Die glorreichen Geheimnisse

88

Einleitung

Anna Katharina Emmerick lebte von 1774 – 1824 in Westfalen als Kind eines Kleinbauern. Da sie schon früh das Vieh hüten musste, konnte sie nur wenige Monate die Schule besuchen. Von 1802 – 1811 lebte sie als Augustinernonne im Kloster Agnetenberg bei Dülmen. Nach der Aufhebung des Klosters infolge der Säkularisation bezog sie ein kleines Stübchen in Dülmen. Es zeigten sich die Wundmale des HERRN an ihrem Leib, auch die seiner Dornenkrone. Oft musste sie peinliche Untersuchungen von kirchlichen und weltlichen Behörden erdulden. Sie hatte von Kind auf Visionen vom Leben und Leiden Christi und deren Vorgeschichte. Der Dichter Clemens Brentano wurde ihr zugeführt und schrieb die Gesichte nieder.

Die folgenden Betrachtungen zum Rosenkranz beruhen auf dem umfassenden Werk des Redemptoristenpaters C. G. Schmöger: „Das arme Leben und bittere Leiden unseres Herrn Jesu Christi und seiner heiligsten Mutter Maria, nebst den Geheimnissen des alten Bundes, nach den Gesichten der gottseligen Anna Katharina Emmerick, aus den Tagebüchern des Clemens Brentano“ (Regensburg 1882).

Es handelt sich um kurze Auszüge aus umfangreichen Schilderungen mit Hunderten von Orts- und Personennamen, die von Historikern, Geographen,

Sprachforschern und Exegeten weitgehend bestätigt werden. Doch handelt es sich um Privatoffenbarungen, bei denen Missverständnisse, Verwechslungen und Vergesslichkeiten nicht auszuschließen sind. Sie werden von der Seherin immer wieder eingeräumt. Da sie in ihrem westfälischen Dialekt sprach, kann auch Brentano nicht alles richtig verstanden haben. Auch die notwendigen Kürzungen mindern die Authentizität.

Anna Katharina Emmerick wurde am 3. Oktober 2004 selig gesprochen.

P. Beda Müller OSB, Abtei Neresheim

Bilder: Die Künstlerin Susanne Scholz (geboren 1962), die in Lauchheim lebt und arbeitet, hat im Jahr 2005 eigens für dieses Buch die abgedruckten Bilder großformatig gemalt.

Die freudenreichen Geheimnisse

Den du, o Jungfrau, vom Heiligen Geist empfangen hast

Nach der Vermählung von Josef und Maria ging Josef nicht gleich mit nach Nazareth, sondern reiste nach Bethlehem, um noch einige Familiensachen zu ordnen. Maria aber zog mit Anna, den übrigen Verwandten und mit zwei Gefährtinnen aus dem Tempel nach Galiläa auf das Gut Annas, etwa eine Stunde von Nazareth entfernt. Maria war vierzehn Jahre alt.

Anna richtete für die Heilige Familie das kleine Haus in Nazareth ein, das an einem stillen Orte lag. Ein Brunnen war in der Nähe und ein kleiner viereckiger Hofraum vor dem Hause. Nach Josefs Ankunft verließ die Heilige Jungfrau ihre Mutter und bezog mit ihm das Haus in Nazareth. Doch oft kam Mutter Anna mit ihrer Magd und vertrauten Frauen ins Haus Mariens, um ihr noch allerlei zu bringen und das Haus auszustatten, wie sie es für ihre Tochter wünschte. Zum Abschied begleitete Maria ihre Mutter ein Stück Weges zurück; immer wieder brach die Wunde der Trennung in ihr auf und oft vergoss sie Tränen der Rührung.

Josef war indessen bemüht, seine Werkstatt einzurichten. Er musste noch öfters über Land, Erbgut einzuholen und Handwerksgeräte herbeizuschaffen. So war Maria eines Tages allein zu Hause. Da kam Mutter Anna mit ihrer vertrauten Magd, einer verwandten Witwe, und mit den zwei Gefährtinnen, um während der Abwesenheit Josefs bei ihr zu bleiben. Sie blieben die Stunden des Nachmittags beisammen. Sie lustwandelten miteinander im Hofe und gingen beschäftigt im Hause hin und her. Alles war neu durch Anna eingerichtet. – Am Abend beteten sie stehend zusammen, aßen dann Kräuter, welche aufgetragen wurden, und trennten sich hierauf. Anna hatte als geschäftige Hausmutter noch lange zu tun. Die beiden Jungfrauen gingen in ihren abgesonderten Raum, und auch Maria suchte ihre Schlafkammer auf.

Diese Kammer lag im hinteren Teile des Hauses nahe der Feuerstätte. Vom Küchenraum führten ein paar Stufen zu diesem Gemach empor. Der Tür gegenüber war die Kammer rund, und dieser Teil war durch einen hohen Schirm von Flechtwerk abgetrennt. Dort befand sich das aufgerollte Lager Mariens. Die Wände des kleinen Gemaches waren rundum mit geflochtenem Holzwerk bedeckt und die Decke zeigte die offenen Balken, deren Zwischenräume mit Sternfiguren verziertes Flechtwerk ausfüllte.

Als Maria an diesem Abend in ihre Kammer eintrat, wandelte sie eine unendliche Sehnsucht an, zu Gott zu beten und zu flehen, den Menschen den Erlöser zu senden, den er verheißen hatte. Sie trat hinter den Schirm, hinter dem ihr Lager ausgebreitet war, legte ein weißes Betkleid und einen breiten Gürtel an und bedeckte ihr Haupt mit einem gelblich-weißen Schleier. Indessen kam die Magd mit einem Lämpchen und zündete eine vierarmige Lampe an, die von der Decke niederhing, und ging dann wieder.

Maria nahm nun ein kleines niedriges Tischchen, welches an der Wand zusammengeklappt lehnte, und stellte es mitten in die Stube auf einen Teppich, holte etliche Schriftrollen und einen kleinen runden Wulst, um darauf zu knien.

Maria ließ den Schleier über ihr Angesicht nieder und kreuzte die Hände vor ihrer Brust. So betete sie lange heftig, das Antlitz gen Himmel gerichtet. Sie flehte um die Erlösung, um den verheißenen König, und in ihrer Seele brannte die Sehnsucht, zu der Herabkunft des Erlösers ein Geringes beizutragen. Sie kniete lange im Gebet entzückt und senkte ihr Gesicht auf die Brust, von Sehnsucht nach dem Messias überflutet.

Jetzt aber ergoss sich zu ihrer Rechten von der Decke ihrer Kammer eine Fülle von Licht, und in diesem Lichte schwebte ein leuchtender Jüngling nieder. Es war der Engel Gabriel. Er sprach zu ihr, indem er seine beiden Arme leise bewegte. Maria wandte das verschleierte Haupt etwas nach der rechten Seite hin; sie war jedoch schüchtern und blickte nicht auf. Der Engel aber fuhr fort zu sprechen, und Maria wandte ihr Gesicht wie auf seinen Befehl zu ihm, hob den Schleier ein wenig auf und antwortete. Der Engel sprach abermals und Maria hob den Schleier ganz auf, blickte den Engel an und erwiderte die heiligen Worte:

„Siehe die Magd des Herrn, mir geschehe nach deinem Wort!"

Die Heilige Jungfrau war in tiefer Entzückung. Licht erfüllte den Raum, man sah nicht mehr den Schein der brennenden Lampe noch die Decke der Kammer. Der Himmel schien offen. In unendlicher Ferne und doch zugleich nahe war im Ausgang dieses Lichtstromes die Heilige Dreifaltigkeit wie ein dreieckiges, sich durchstrahlendes Licht, und man erkannte, was man nur anbeten, nie aussprechen kann: Gott den Allmächtigen, den Vater, den Sohn und den Heiligen Geist, und doch nur Gott den Allmächtigen.

Als Maria gesprochen hatte: „Mir geschehe nach deinem Wort", ließ sich die geflügelte Erscheinung des Heiligen Geistes nieder, aus der drei Licht-Ergüsse auf Maria herabströmten, die ihren Leib trafen und sich in ihm vereinigten. Mit dem Eindringen dieses Lichtes wurde sie ganz leuchtend und wie durchsichtig, und es war, als zöge sich die Undurchsichtigkeit wie Nacht vor diesem Licht zurück. Sie war so von Licht durchgossen, dass sie in ihrer ganzen Gestalt leuchtete.

Danach verschwand der Engel. Die Lichtbahn, aus der er hervorgetreten war, zog sich zurück, als atme der Himmel den Lichtstrom wieder ein.

Während der Engel Gabriel in der Kammer Mariens war, hatte die Seherin eine stete Angst, denn sie sah eine scheußliche Schlange durch das Haus die Stufen hinaufkriechen. Ihr Kopf war breit und platt; an der Brust hatte sie zwei kurze, häutige Pfoten mit Krallen, auf denen sie fortrutschte. Sie war mit widerlichen Farben gefleckt und erinnerte an die Schlange des Paradieses, jedoch in grauenhafter Entstellung. Als der Engel aus der Kammer der Heiligen Jungfrau verschwand, trat er diesem Scheusal auf den Kopf, so dass es greulich schrie. Da erschienen drei Geister und trieben das Ungeheuer mit Stößen und Fußtritten hinaus vor die Türe des Hauses.

Maria, ganz in sich selbst versunken, erkannte in sich die Menschwerdung des Erlösers und betete an. Es war um Mitternacht, als dies Geheimnis geschah. Eine Lichtwolke war über dem Hause erschienen, und eine wunderbare Bewegung hatte die ganze Natur erfasst und auch Anna geweckt und mit Ahnungen erfüllt. Sie trat zu Maria hinein, entfernte sich aber wieder ehrerbietig, als sie die Heilige Jungfrau in tiefer Gebetsentzückung unter der Lampe knien sah.

Nach einiger Zeit erhob sich Maria von den Knien,

trat vor ihr Betaltärchen an der Wand, wo Schriftrollen auf einem Pult lagen, und stand betend davor bis gegen Morgen. Dann legte sie sich schlafen.

Die Heilige Jungfrau war die einzige rein erblühte Blume des menschlichen Geschlechtes, aufgegangen in der Fülle der Zeit. Alle Kinder Gottes unter den Menschen von Anbeginn, die nach Heiligung gerungen, haben zu ihrer Ankunft beigetragen. Sie allein war das unbefleckte Fleisch und Blut der ganzen Menschheit, geleitet, gehütet und gestärkt durch das Gesetz, bis sie hervortrat als die Fülle der Gnaden.

Den du, o Jungfrau, zu Elisabeth getragen hast

Als Josef von seinen Geschäftsgängen nach Nazareth zurückgekehrt war, wusste er nichts von der Menschwerdung Gottes in Maria. Sie wahrte demütig das Geheimnis des Herrn in ihrer Seele.

Josef wollte zum Osterfest nach Jerusalem, um dort im Tempel zu opfern. Da erzählte ihm Maria von ihrer großen Sehnsucht, die sie im Herzen trage. Sie wolle ihre Base Elisabeth besuchen, das Weib des Zacharias, die über den Bergen jenseits Jerusalems in Jutta bei Hebron wohne. Sie habe Kunde erhalten, dass die hochbetagte Elisabeth noch vom Herrn gesegnet worden sei und trotz ihres Alters ein Kind erwarte. Josef trug Maria an, sie auf seiner Reise nach Jerusalem mitzunehmen und nach dem Osterfest über die Berge nach Jutta zu bringen; und so beschlossen sie es. Der Weg ging mittagwärts. Josef führte einen Esel bei sich. Er hatte einen gestrickten Sack aufgeladen, in dem sie ihre Kleidung und auch Speisen mit sich führten. – Maria trug auf der Reise ein graues Kleid mit breitem Gürtel und eine gelbliche Kopfhülle.

Sie zogen südwärts über die Ebene Esdrelon und kehrten in der Stadt Dothan auf der Höhe eines Berges bei einem Freunde Josefs ein.

Dann übernachteten sie wieder einmal, noch zwölf Stunden von Jutta entfernt, in einer kleinen, aus Holz geflochtenen Hütte im Wald, die ganz von lebendigem Grün mit schönen, weißen Blüten überwachsen war. Solche Herbergen gab es viele, um vorüberziehenden Reisenden einen Aufenthalt zu gewähren. Man musste hier selbst für alles sorgen, konnte übernachten und sich die mitgebrachten Lebensmittel bereiten.

Sie sammelten unterwegs Tropfen von Balsamstauden und mischten sie in ihr Trinkwasser, wozu sie Brot aßen. Sie zogen einsame Wege über hohe Berge und wieder durch Wald, Heide, Wiesen und Felder. Josef führte den Esel, auf dem Maria manchmal ritt. Sie machten den weiten Weg ziemlich schnell.

Freudenreiche Geheimnisse:
„Jesus, den du o Jungfrau vom Heiligen Geist empfangen hast.“

Das Haus des Zacharias lag auf einem einzelnen Hügel. Andere Häuser lagen in Gruppen umher. In der Nähe kam ein starker Bach vom Berge herab.

Als Zacharias vom Osterfest nach Hause kam, war ihm Elisabeth eine bedeutende Strecke entgegengekommen. Er erschrak, als er sie in ihren Umständen so weit vom Hause entfernt fand. Sie erzählte ihm, dass sie von einer namenlosen Sehnsucht erfüllt sei, ihre Base Maria von Nazareth zu sehen, auf deren Besuch sie warte. Verwundert suchte Zacharias ihr diese Meinung zu nehmen; es sei ganz unwahrscheinlich, dass die Neuvermählten jetzt eine so weite Reise unternehmen würden.

So kehrten sie zusammen nach Hause zurück.

Elisabeth vermochte aber nicht, ihre Erwartung aufzugeben. Es war ihr in einem Traum geoffenbart worden, dass eine Jungfrau ihres Geschlechtes den Messias empfangen habe. Nun musste sie immerzu an Maria aus Nazareth denken, deren heiligen Ruf sie kannte, die sie selbst aber nie gesehen hatte.

Sie bereitete in dem Hause rechts vom Eingang ein Stübchen, damit Maria es mit allem vorfände, was sie nach der langen Reise erquicken könne. Hier saß sie am folgenden Tage, blickte hinaus und harrte lange auf die Ankommende; dann stand sie auf und ging ihr entgegen.

Elisabeth war eine große, bejahrte Frau mit kleinem, feinem Angesicht; ihr Kopf war eingehüllt.

Maria erblickte sie in der Ferne und eilte ihr entgegen. Beide Frauen, die schier greise Elisabeth und die junge Maria, die sich in ihrem Leben nie gesehen hatten, erkannten sich sogleich, eilten freudig aufeinander zu, reichten sich zum Gruß die Hände und standen ergriffen und wunderbar gerührt einander gegenüber.

Die Nachbarn sahen die übernatürliche Schönheit und Würde Mariens und zogen sich schüchtern zurück, als sie mit Elisabeth zusammentraf.

Die beiden gingen, sich am Arm führend, durch den Hof zum Haus und Elisabeth führte Maria in die bereitete Kammer. Als sie nun allein waren, fassten sie sich bei den Armen. Maria grüßte Elisabeth sehr innig und lehnte ihre Wange an sie. Da strahlte ein Leuchten aus Maria in Elisabeth hinüber, wodurch diese in ihrem Herzen von heiliger Freude bewegt wurde. Sie trat mit erhobener Hand zurück und voll Demut, Freude und Begeisterung rief sie aus: „Gebenedeit bist du unter den Weibern, und gebenedeit ist die Frucht deines Leibes. Woher kommt mir das zu, dass die Mutter meines Herrn mich heimsucht? Als die Stimme deines Grußes an mein Ohr drang, hüpfte das Kind in Freude unter meinem Herzen auf. Selig bist du, du hast geglaubt. Und es wird erfüllt werden, was dir vom Herrn gesagt worden ist."

Maria aber kreuzte die Hände vor der Brust und sprach in heiliger Begeisterung den Lobgesang:

„Meine Seele verherrlicht den Herrn!
Und mein Geist frohlockt in Gott,
meinem Heiland.
Er hat auf die Niedrigkeit seiner Magd
herabgeschaut.
Und sieh, nun werden mich selig preisen
alle Geschlechter.
Er hat Großes an mir getan,
Er, der da mächtig ist
und dessen Name heilig ist.
Dessen Barmherzigkeit
von Geschlecht zu Geschlecht
bei denen ist, die ihn fürchten.
Er hat Macht in seinen Arm gelegt,
und die in ihrem Herzen stolz sind, hat er zerstreut.
Die Mächtigen hat er von ihren Sitzen gestoßen
und die Niedrigen erhöht,
die Hungernden hat er mit Gütern erfüllt
und die Reichen leer entlassen.
Er hat Israel, seinen Diener, aufgenommen
eingedenk seiner Barmherzigkeit.
Wie er zu unsern Vätern gesprochen hat,
zu Abraham und seinem Samen in alle Ewigkeit."

Die Worte fielen Elisabeth in das Herz und blieben in ihr aufbewahrt und auch in Maria, der jungfräulichen Mutter. Sie waren ihnen ein kostbares, von Gott geschenktes Geheimnis.

Dann setzten sie sich auf niedere Kissen an ein Tischchen, auf dem ein kleiner Imbiss stand.

Sie waren so selig, so selig!

Josef war mit dem Esel in den Hof gekommen, hatte das Lasttier einem Knecht übergeben und ging an der Seite des Hauses in eine offene Halle zu Zacharias. Er begrüßte den alten ehrwürdigen Priester sehr demütig. Dieser umarmte ihn herzlich und sprach mit ihm durch Zeichen oder auf eine Tafel schreibend, denn er war stumm, seit der Engel ihm im Tempel erschienen war. Sie unterhielten sich darüber, dass nach den Prophezeiungen der Messias nahe sei. Dann beteten sie wieder und schauten in die Stille des ländlichen Gartens.

Den du, o Jungfrau, geboren hast

Es war nur noch kurze Zeit bis zur Niederkunft Mariens. Da erschien in der Nacht ein Engel dem heiligen Josef und mahnte ihn, mit Maria sogleich nach Bethlehem zu ziehen, denn dort solle sie ihr Kind gebären. Er bestimmte auch alles, was sie zum Gebrauch mit sich nehmen sollten: nur weniges Gerät, auch einen Esel für Maria und eine einjährige Eselin, die frei laufen solle, um ihnen den Weg zu zeigen.

Maria wusste wohl, dass ihr Kind in Bethlehem geboren werde. Sie kannte alle Prophezeiungen, sagte aber kein Wort zu den Vorbereitungen ihrer Mutter für das Kommen des Kindes. Sie glaubte, Gott werde alles fügen.

Josef eröffnete den heiligen Frauen, was ihm verkündet worden war. Sofort rüsteten sie zum Aufbruch und taten, wie der Engel bestimmt hatte.

Es war eine beschwerliche, mühselige Reise. Sie zogen einsame Wege, mussten immer öfter rasten, weil Maria schnell ermüdete. Oft wurde sie wegen ihres Zustandes ungern und unfreundlich aufgenommen.

Josef hoffte, in Bethlehem gute Unterkunft zu finden. Aber dann wurde die Herbergssuche dort noch erfolgloser, und die Zeit der Geburt war ganz nahe.

Da erinnerte sich Josef von seiner Jugend her an die Höhlen der Hirten außerhalb der Stadt. Dorthin hatte er sich selbst oft geflüchtet vor den Nachstellungen seiner Brüder.

So zogen sie aus Bethlehem ostwärts hinaus auf einem Fußpfad, bald zwischen untergegangenen Stadtteilen, bald zwischen Hängen und Wäldern hin. Die Sonne stand schon tief, als sie in ein Tal kamen, in dem sich allerlei Höhlen befanden. Etliche dienten den Hirten als Futterschuppen, zeitweise auch als Ställe. Doch um diese Jahreszeit waren sie öde und verlassen.

Die junge Eselin kam ihnen aus dem Hirtental munter entgegengelaufen, als wolle sie mit ihnen spielen. Da tröstete Maria den Josef, der tief betrübt und beschämt war, dass er sie hier in seiner Vaterstadt in eine solch armselige Herberge geleiten müsse.

Die Höhlen waren angefüllt mit Futter und Abstellgerät. Josef räumte alles aus, säuberte die Räume, dichtete die Luft- und Lichtlöcher sorgfältig gegen den Wind ab, richtete die Feuerstelle und bereitete Maria ein Lager auf der Erde. Er legte eine Decke über eine Streu von Heu und Binsen. Eine zweite Decke rollte er zusammen als Kopfpolster. Maria war von großer Innigkeit erfüllt und strahlte in tiefer Freude und Zufriedenheit. – Josef befestigte die Lampe im Gebälk, holte frisches Wasser an der nahen Quelle und ging dann noch in die Stadt, einige Einkäufe zu machen. Er brachte auch Reisig mit und glühende Kohlen in einer kleinen Kapsel, die er auf der Reise mit sich führte. – Aus gelben Körnern und einer dicken Frucht bereitete er etwas Speise. Sie aßen davon und verzehrten kleine Brote dazu. – Nach dem Mahl traten sie unter die Lampe und beteten zur Nacht die Gebete des Sabbats, der nun angebrochen war.

Maria hüllte sich darauf ein und legte sich zur Ruhe.

Den Sabbat verbrachten Maria und Josef in der Höhle mit Gebet und Andacht. Am Nachmittag bereitete Josef vor der Höhle unter einem großen, uralten Schattenbaum – es war eine Terebinthe, die Abraham selbst gepflanzt haben soll – einen Sitz für Maria und führte sie dorthin. Es war ein heiliger Ort. Man pflegte hier zu ruhen und zu beten. Josef erzählte Maria von den alten Erinnerungen, die mit diesem Platz und den Höhlen verbunden waren.

Gegen Abend führte er Maria wieder zur Krippenhöhle. Auf dem Wege sagte sie ihm, in dieser Nacht um die zwölfte Stunde werde Christus geboren. Seit der Botschaft des Engels seien nun neun Monate vergangen.

Maria kniete auf ihrem Lager nieder und versank sogleich in stilles Gebet. Josef hängte Lampen auf und fragte dann Maria, ob er nicht einige fromme Frauen zur Hilfe holen solle. Sie bat ihn aber, er möge sie in dieser Nacht allein lassen.

Die Nacht lag dunkel und trüb über Bethlehem; nur im Hirtental begann sich ein glänzender Lichtnebel zu bilden.

Josef versorgte alles, holte die Tiere herein, fütterte sie, verschloss den Eingang und zog sich in seinen abgesonderten Schlafraum zurück. Als er nochmal nach der Heiligen Jungfrau hinblickte, sah er sie von Flammen umgeben, so wie Moses Gott im brennenden Dornbusch gesehen hatte. Da wich er zurück und fiel betend auf sein Angesicht nieder.

Es kam die Mitternacht heran, Maria kniete in einem weiten, gürtellos um sie ausgebreiteten Gewande, das Angesicht gegen Morgen gewendet, auf ihrem Ruheteppich. Die Welt versank vor ihrem Bewusstsein. Eine Bahn von Licht öffnete sich über Maria bis in die höchsten Himmel mit steigendem Glanze. In dieser Lichtbahn war eine wunderbare Bewegung von Glorien, von himmlischen Geisterchören.

Maria wurde ganz von Engeln umringt und von ihnen emporgetragen. Da war es ihr, als trenne sich ihr Herz auseinander und eine Hälfte scheide von ihr. Sie empfand eine innere Leere und eine große Sehnsucht nach einem unendlichen Heil, das sie sonst in sich hatte. Jetzt sah sie in einem Glanze ihr neugeborenes, hilfloses Kindlein vor sich auf der Erde liegen. Sie fasste das Kind noch nicht an, deckte es aber mit einem Tuche zu. Nach einer geraumen Zeit regte sich das Jesuskind und weinte. Da war es, als komme Maria zu sich. Sie nahm das Kindlein von der Decke auf, hüllte es mit dem Tuch ein und hielt es in den Armen. Sie saß nun und verhüllte sich ganz mit dem Kinde in ihren Schleier und ließ es an ihrer Brust trinken. – Um sie her beteten Engel, auf dem Angesicht liegend, das Kind an.

Es mochte eine Stunde nach der Geburt gewesen sein, als Maria Josef rief, der noch im Gebete lag. Als er sich ihr nahte, warf er sich in Andacht, Freude und Demut wieder auf sein Angesicht. Sie rief ihn noch einmal beim Namen, hob ihn auf, geleitete ihn zum Kind und legte es ihm in die Arme. Er empfing es zaghaft, als könne er das Wunder nicht halten. Ein Strom unsäglichen Glückes durchrann ihn. Laut lobten und priesen sie Gott unter Freudentränen und sangen heilige Psalmen. Dann saßen sie nebeneinander auf der Erde und waren in Betrachtung versunken. Vor ihnen auf der Decke lag eingewickelt der neugeborene Jesus, schön und strahlend wie ein Blitz.

Später legten sie das Kind in eine Krippe. Josef hatte sie mit weichem Moos und feinen Kräutern gefüllt und ein Linnen darüber gelegt. Dann führte er Maria zu ihrem Lager, das er ihr wieder gerichtet hatte. Sie fühlte sich nicht krank oder erschöpft, aber sie legte sich nun zur Ruhe und schlummerte ein.

Josef kehrte in seine kleine Kammer zurück und warf sich wieder betend zur Erde nieder. Er fand keinen Schlaf. Er verbrachte die Nacht im Gebet ohne Unterlass.

Den du, o Jungfrau, im Tempel aufgeopfert hast

Der erstgeborene Knabe galt bei den Juden als besonderes Eigentum Gottes und musste durch ein vorgeschriebenes Opfer im Tempel ausgelöst werden. Als das Kind vierzig Tage alt wurde, rüstete sich auch die Heilige Familie zur Reise in den Tempel. Von dort aus wollte sie die Reise nach Nazareth fortsetzen.

Die Krippenhöhlen waren aufgeräumt und ausgefegt. Früh bei Tagesanbruch sattelte Josef den Esel und bereitete Maria einen bequemen Reitsitz mit Decken. Zu beiden Seiten hingen kleine Körbe mit Früchten und zwei Tauben, den Opfergaben.

Dann holte Josef die Mutter mit dem Kinde. Hirten und Hirtenfrauen waren zum Abschied herbeigekommen, und sie halfen bescheiden Maria, sich auf das Tier zu setzen. Nun reichte ihr Josef das Kind und noch in der Morgendämmerung zogen sie still und unbemerkt südwärts um Bethlehem herum gegen Jerusalem. Die Hirten geleiteten sie auf den Weg und nahmen rührenden Abschied.

Es war nicht weit von Bethlehem nach Jerusalem. Sie zogen langsam und verweilten oft. Mittags ruhten sie auf einer schattigen Brunnenbank. – Gegen Abend kamen sie vor Jerusalem in eine bekannte Herberge, die von Annas Leuten für sie bestellt war. Es waren gute, alte, bescheidene Leute und schon lange mit der Familie bekannt. Sie wurden von ihnen mit ungemeiner Liebe empfangen und blieben einige Tage bei ihnen, weil sie wegen eines Festes am Tempel warten mussten.

Als dann der Tag gekommen war, brachen sie wieder in der ersten Morgendämmerung auf. Ihre Herbergsleute gingen mit ihnen. Sie zogen mit dem bepackten Esel durch die noch schlafende Stadt. Sie gingen am Tempel in einen ummauerten Hof, wo die Männer den Esel in einen Schuppen einstellten und die Opferkörbe an sich nahmen. Maria trug das Kind, das in ein himmelblaues Tuch eingeschlagen war. Auch sie trug ein zartblaues Kleid mit einem weißen Schleier und war ganz in einen gelblichen Mantel eingehüllt.

Am Tor wurden sie von einer betagten Frau freundlich empfangen und durch einen bedeckten Gang weiter in den Tempel geführt. Sie hatten eine Leuchte bei sich; es war noch dunkel.

Da trat ihnen der alte Priester Simeon entgegen. Freudig redete er Maria an, nahm dann das Jesuskind und drückte es an sein Herz, reichte es der Mutter zurück und eilte voran zum Tempel. Er hatte in der Nacht die Weisung erhalten, am kommenden Morgen auf das erste Kind zu achten. Dies Kind sei der Messias. Er dürfe es in seine Arme nehmen, wie er es sich alle Tage wünsche; dann werde er sterben.

Im Vorhofe des Tempels warteten Noemi, die alte Lehrerin Marias, und Hanna, eine fromme Greisin. Auch ihnen war in der Nacht Kunde zugekommen, dass an diesem Morgen der Messias im Tempel von seiner jungen Mutter aufgeopfert werde.

Simeon kam nun aus dem Tempel der Heiligen Jungfrau entgegen und führte sie mit dem Kind an die Stelle, wo die Auslösung der Erstgeborenen zu geschehen pflegte. Noemi und Hanna folgten ihr. Sie hatten von Josef die Körbe mit dem Opfer erhalten. Josef ging zu einer anderen Türe hinein nach dem Männerraum.

Im Tempel war alles zur Aufopferung errichtet. Außer Maria sollten noch etliche andere Mütter an diesem Morgen zur Opferung ihrer Kinder kommen. Der Raum war so groß wie eine Kirche. In der Mitte war ein großer Opfertisch aufgeschlagen. Auf ihm stand ein Wiegenkörbchen, zur Seite waren Schalen und kleine Körbe für die Gaben aufgestellt. An den vier Ecken des Tisches brannten mehrarmige Leuchter. Der ganze Opferaltar war mit einem Gitter umgeben. An beiden Seiten des Tempelraumes standen Gestühle, in welchen Priester beteten.

Simeon führte Maria mit dem Kind an den Opfertisch. Dort legte sie das Kindlein in das Wiegenkörbchen.

Simeon und drei andere Priester traten nun in feierlichen Gewändern um den Altar und beteten über das Kind. Danach stellte Maria die Opfergaben auf den Tisch. In eine Schale kamen die Früchte, in eine andere die Münzen. Die Tauben blieben in dem Korb. – Ein Priester nahm jetzt das Kind aus dem Wiegenkörbchen auf seine Hände, hob es nach verschiedenen Seiten des Tempels empor und betete lange. Dann gab er das Knäblein Maria in die Arme und betete noch einmal aus einer Rolle über sie und das Jesuskind. Simeon geleitete Maria wieder aus dem Gitter, und Hanna führte sie zu den anderen Frauen. Mittlerweile hatten sich noch etwa zwanzig Mütter mit ihren erstgeborenen Knäblein zum Opfer eingefunden.

Nun begannen die Priester oben an dem feststehenden Hauptaltar einen Gottesdienst mit Räuchern und Beten, an dem die Priester in den Gestühlen teilnahmen. Nach dieser Feierlichkeit kam Simeon noch einmal zu Maria, empfing das Jesuskind wieder auf seine Arme und sprach in prophetischer Schau, ganz in Freude entzückt, laut und lange über das Kind. Er lobte Gott und pries ihn für die Erfüllung der Verheißung.

Auch Josef war nun nähergetreten und hörte mit Maria voll Ehrfurcht die begeisterten Worte Simeons, die sie in ihren Herzen bewahrten. – Danach sprach auch die Prophetin Hanna laut und begeistert über das Jesuskindlein und pries seine Mutter selig. Die Anwesenden hörten voll Rührung zu; alle waren in ihren Herzen bewegt und erwiesen dem Kinde und der Mutter große Ehrerbietung. Maria leuchtete wie eine himmlische Rose.

Die Heilige Familie hatte nach außen hin das Opfer der Armen dargebracht. Josef gab aber still dem alten Simeon und der Greisin Hanna viele dreieckige Goldstückchen für arme Tempeljungfrauen und feine Stoffe zu Stickereien am Tempel, Gaben der Heiligen Drei Könige.

Von Noemi und Hanna aus dem Tempel geleitet, nahmen alle Abschied voneinander.

Josef hatte schon den Esel herbeigeführt, den Maria mit dem Kind bestieg, und so reisten sie sogleich vom Tempel durch Jerusalem gen Nazareth. – Sie reisten an diesem Tage noch bis Bethoron, wo sie in einer bekannten Herberge übernachteten. Sie wurden hier von Annas Leuten erwartet, die sie abholten, und nun ging es in gerader Richtung nach Nazareth.

Den du, o Jungfrau, im Tempel wiedergefunden hast

Als der Jesusknabe mit seinen Eltern im zwölften Lebensjahre zum Osterfest nach Jerusalem kam, war er dort bei den Freunden der Heiligen Familie bereits bekannt. Er hatte auch schon bei Priestern und Lehrern Aufmerksamkeit erregt. Man sprach von dem klugen, frommen Knaben, von dem begnadeten Josefssohn. Seit seinem achten Lebensjahre war er alljährlich mit zum Osterfest gewandert.

Es war dies wie auf Wallfahrten. Die älteren Leute, Freunde und Bekannte gingen unterwegs zusammen, ebenso die Jünglinge und Knaben. Es fiel dadurch den Eltern nicht auf, dass Jesus dieses Mal zurückgeblieben war.

Jesus herbergte bei den guten, alten Leuten am Bethlehemstor, die mit ihm und seinen Eltern befreundet waren. Er besuchte mit anderen Jünglingen Schulen in der Stadt, täglich eine andere. An den zwei ersten Tagen waren es Schulen verschiedener Wissenschaften, am dritten Tage eine Schule in der Nähe des Tempels, aus der die Priester und Leviten genommen wurden.

Jesus brachte durch seine Fragen und Antworten die Lehrer und Rabbiner aller dieser Schulen in großes Erstaunen und in Verlegenheit. Er brachte allerlei Beispiele aus der Natur, aus den Künsten und den Wissenschaften: Dinge, die sie nie gewusst und nie so verstanden hatten.

Die Lehrer und Schriftgelehrten verabredeten am dritten Tage untereinander, Jesus am Nachmittag auf dem öffentlichen Lehrort im Tempel durch die gelehrtesten Rabbiner in verschiedenen Fächern zu prüfen. – Jesus saß in einem großen, reich geschnitzten Stuhl, den er bei weitem nicht ausfüllte. Er war von einer Menge alter und priesterlich gekleideter Juden umgeben. Es waren Meister aus verschiedenen Wissenschaften. Als sie anfingen, mit ihm im Einzelnen zu disputieren, sagte Jesus, diese Dinge gehörten eigentlich nicht hierher in den Tempel; aber er werde ihnen nun doch hierauf Antwort geben, weil es so seines Vaters Wille sei. Sie verstanden aber nicht, dass er hiermit seinen himmlischen Vater meinte, sondern glaubten, Josef habe ihm befohlen, sich mit seinen Wissenschaften zu zeigen.

Jesus antwortete und lehrte über Medizin. Er beschrieb den ganzen menschlichen Leib, wie ihn kein Gelehrter kannte. Ebenso erklärte er die Sternkunde, die Baukunst, den Ackerbau, sprach über Maß- und Rechenkunst, über die Rechtsgelehrsamkeit und führte alles wieder auf das Gesetz, die Prophezeiungen, den Tempel und die Geheimnisse des Dienstes und der Opfer zurück.

Die Zuhörenden kamen immer wieder in Bewunderung, dann wieder wurden sie beschämt, dann wieder gerieten sie in Ärger, ja in Grimm und Wut.

Diese Aussprachen dauerten viele Stunden.

Josef und Maria hatten erst nach einer Tagesreise die Abwesenheit des Jesusknaben feststellen können, als sich die Reisegesellschaft am Abend zusammenfand. Sie kehrten zurück und suchten ihn. – Am dritten Tage erfuhren sie in Jerusalem, dass er im Tempel sei zu dieser großen Zusammenkunft und Aussprache. Sie konnten nicht selbst dorthin und schickten ihm Botschaft durch einen Leviten. Jesus ließ ihnen sagen, er werde zuerst seine Aufgabe beenden.

Es war das erste Mal, dass er seine Eltern fühlen ließ, er habe noch höheren Befehlen zu folgen. Als er nach längerer Zeit zu ihnen kam, war Josef ganz schüchtern und verwundert und sprach nicht. Maria stellte ihn zur Rede, verstand aber seine Antwort noch nicht. Sie begaben sich nun gleich zusammen auf die Rückreise.

Die im Tempel Versammelten, verärgert und erbittert wie sie waren, wunderten sich, ließen aber die Heilige Familie ruhig wegziehen. Ja, es entstand inmitten des dichten Gedränges eine breite Bahn für sie.

Die Lehre Jesu hatte bei den Schriftgelehrten großes Aufsehen gemacht. Einige schrieben die Sache als eine Merkwürdigkeit auf. – Sie vertuschten aber den ganzen Vorgang unter sich, sprachen von einem sehr vorlauten Knaben, den man zurechtgewiesen; er habe schöne Talente, müsse sich aber noch abschleifen.

Von diesem zwölften Lebensjahre an war Jesus

immer wie ein Lehrer unter seinen Gespielen und Altersgenossen. Er saß oft mit ihnen zusammen, erzählte ihnen und wandelte mit ihnen in der Gegend.

Die lichtreichen Geheimnisse

Jesus, der von Johannes getauft worden ist

Johannes kehrte aus der Wüste zu den Menschen zurück. Er machte einen wunderbaren Eindruck, groß von Wuchs, vom Fasten des Leibes hager, aber stark und voller Muskeln. Er war ungemein edel, rein und einfach, aber klar und gebieterisch. Er war erfüllt von seiner Berufung. Ernst und streng hatte er nur das Eine im Sinn: Buße, Vorbereitung, der Heiland kommt!

Der Ausdruck „dem Herrn die Wege bereiten" ist nicht nur bildlich zu verstehen; denn ich sah, wie Johannes begann, Gesträuch und Steine aus den Wegen zu räumen, Pfade zu bahnen, Stege über Bäche anzulegen sowie Sitze und Ruheplätze. Seine Botschaft lautete: „Er kommt, bereitet die Wege, tuet Buße, empfanget die Taufe!"

Johannes taufte an drei verschiedenen Stellen, nicht im Jordan selbst, sondern an eigenen Teichen und Brunnen an seinem Ufer, die er selbst hergerichtet hatte.

Bis nach Galiläa hinauf war verkündet worden, dass Johannes eine große Lehre halten werde, und es waren viele Menschen gekommen. Die Essener waren fast alle zugegen. Als Johannes wieder an einer Taufstelle beschäftigt war, sah ich eine Abordnung von etwa zwanzig Personen ankommen. Sie war von

Behörden in Jerusalem entsandt, um Johannes zur Rechenschaft zu ziehen, weshalb er ohne Auftrag und Erlaubnis des Synedriums predige und taufe. Er hätte sich zuerst beim Tempel melden müssen.

Die Taufe vollzog sich so: Der Täufling stieg ins Wasser bis zum Gürtel. Johannes schöpfte mit einer Schale Wasser und goss es auf den Kopf des Täuflings. Die andere Hand legte er dabei dem Täufling auf die Schulter.

Unter den Scharen, die zu Johannes kamen, waren Juden und Heiden, auch Zöllner und Soldaten sowie auch Kranke.

Herodes wollte Johannes zu sich kommen lassen. Aber dieser ließ ihm sagen, er möge zu ihm kommen. Und so kam er in Begleitung der Frau seines Bruders, mit der er lebte. Sie war stolz und frech geschmückt. Auch ihre sechzehnjährige Tochter Salome war dabei. Johannes rief ihm schon von weitem zu: „Du warst blind und bist durch deinen Ehebruch noch blinder geworden".

Als Johannes die Nachricht erhielt, dass Jesus komme, wurde er mit neuem Eifer zum Taufen erfüllt. Es kamen Scharen von Menschen, die Jesus aufgefordert hatte, sich taufen zu lassen. Johannes sah eine lichte Wolke über ihnen und hatte eine Vision von Jesus und seinen Jüngern. Seitdem war Johannes unbeschreiblich freudig und sehnsüchtig. Immer wieder schaute er in die Ferne, ob Jesus nicht komme.

Es war Dämmerung, als Jesus inmitten einer Schar von Leuten kam, die sich auch taufen lassen wollten. Am anderen Morgen hatte sich eine ungeheureZahl von Menschen versammelt und Johannes lehrte mit großer Begeisterung von der Nähe des Messias und von der Buße. Auch sagte er, dass er jetzt zurücktreten müsse.

Jesus stand mitten unter dem Gedränge der Zuhörer. Johannes hatte schon viele getauft und es war gegen zehn Uhr, als Jesus an die Reihe kam. Die neun Jünger, die sich inzwischen Jesus angeschlossen hatten, traten zu ihm. Jesus hatte in einem Zelt daneben seinen Mantel abgelegt, dann auch den Gürtel und den goldgelben Rock. Er hatte nur mehr ein braunes gewirktes Hemd auf bloßem Leib, das er über den Kopf auszog, als er ins Wasser gestiegen war. Lediglich eine Binde um den Unterleib bedeckte ihn. Da beugte sich Johannes vor ihm und sagte: „Ich habe nötig, von dir getauft zu werden, und du kommst zu mir?“ Jesus erwiderte: „Lass es jetzt geschehen, denn es ziemt sich, dass wir alles Rechte erfüllen, dass du mich taufst und ich von dir getauft werde.“ Er sagte ihm auch: „Du sollst die Taufe des Heiligen Geistes und des Blutes empfangen.“

Die Worte, die Johannes beim Taufen sprach, weiß ich nicht mehr genau, aber ungefähr. „Jahwe, durch

Cherubin und Seraphim gieße seinen Segen über dich aus mit Weisheit, Verstand und Stärke!“ Ich weiß nicht recht, ob es gerade diese drei letzten Worte waren; aber es waren drei Gaben für Geist, Seele und Leib.

Als Jesus aus dem Taufbrunnen herausstieg, schlugen Andreas und Saturnin ein Tuch um ihn, womit er sich abtrocknete, und hüllten ihn in ein langes weißes Taufhemd. Sie legten ihm die Hand auf die Schulter und Johannes auf das Haupt. Als sie im Begriffe waren, die Stufen wieder hinaufzusteigen, kam die Stimme Gottes über Jesus. Es war ein großes Brausen vom Himmel und wie ein Donner. Alle Anwesenden erbebten und schauten empor. Eine weiße Lichtwolke senkte sich nieder, und ich sah eine geflügelte Gestalt von Licht über Jesus, die ihn wie ein Strom übergoss. Ich sah auch, wie der Himmel offen schien und hörte die Worte: „Dieser ist mein lieber Sohn, an dem ich Wohlgefallen habe“, in der Stimme des Donners.

Diese Gegend am Jordan weckte in der Seherin viele geschichtliche Erinnerungen. Sie berichtete immer wieder von Ereignissen, die sich in früherer Zeit hier abgespielt hatten. Hier waren die Juden auf dem Weg in die babylonische Gefangenschaft durchgezogen. Hier sah sie die Propheten Elia und Elischa wirken. Hier war das Volk nach der vierzigjährigen Wüstenwanderung durchgezogen, als der Jordan sich staute.

Von der Zeit Abrahams reichten ihre Gesichte über die Vorgänge am Jordan bis zur Ankunft der Magier, die den neugeborenen Jesus suchten.

Ich sah aber auch in einiger Entfernung auf dem Wasser des Jordans den Satan. Es war eine schwarze, dunkle Gestalt wie eine Wolke. In dieser Wolke drängte sich ein Gewimmel von scheußlichem schwarzem Gewürm und Getier. Es war, als werde alles Böse, alle Sünde, alles Gift aus der ganzen Gegend in diesen Gestalten sichtbar, als der Heilige Geist sich ergoss. Sie flüchteten sich in diese dunkle Gestalt wie in ihren Urquell hinein. Es war grässlich, aber erhöhte den unbeschreiblichen Glanz, der sich über den Herrn und die Insel ergoss. Der heilige Taufbrunnen leuchtete bis auf den Grund, und alles war verklärt.

Jesus, der sich bei der Hochzeit in Kana offenbart hat

Kana, an der Abendseite eines Hügels gelegen, ist ein angenehmer reinlicher Ort. Es ist eine Synogoge dort mit drei Priestern. In der Nähe der Synagoge befindet sich das öffentliche, mit einem Vorhof und Lauben umgebene Festhaus, wo die Hochzeit stattfindet.

Als Jesus mit seinen Jüngern ankam, wurde er von Maria, von den Brauteltern und dem Bräutigam ehrerbietig empfangen. Es war eine weitere Verwandtschaft, und Maria war schon dort, um bei der Ausrichtung des Festes zu helfen. Jesus hatte einen Teil der Kosten übernommen, die in Wirklichkeit aber von Lazarus bestritten wurden, der auch anwesend war.

Jesus wollte sich bei diesem Fest allen seinen Freunden und Verwandten zu erkennen geben. Auch sollten die neu gewonnenen Jünger sich miteinander und mit den Angehörigen Jesu bekannt machen.

Es wurden Spiele veranstaltet, zu denen auch Jesus anleitete. Es waren verschiedene Früchte zu gewinnen, wobei der Herr die Früchte in ihrer tieferen Bedeutung für die Gewinner erklärte. Auch wurde getanzt nach Art unserer Volkstänze.

Nach Spiel und Tanz im Garten folgte das Hochzeitsmahl. Der Bräutigam bediente die männlichen Gäste, die Braut die weiblichen. Jesus war beim Mahle wie bei der ganzen Hochzeit sehr heiter und zugleich lehrreich. Er begleitete jede Handlung des Mahles mit einer Auslegung ihrer geistlichen Bedeutung. Als er das Lamm zerlegte, sprach er davon, dass es sterben müsse, um den Menschen als Nahrung zu dienen, und vieles dieser Art.

Jesus hatte den zweiten Gang des Mahles und auch

den Wein zu bestreiten übernommen, was durch seine Mutter und Martha besorgt wurde. Deshalb erinnerte Maria ihn an seine Verpflichtung, als der Wein ausgegangen war. Seine Entgegnung, „Frau bekümmere dich nicht! Mache dir und mir keine Sorgen! Meine Stunde ist noch nicht gekommen“, hatte keine Härte. Die Anrede „Frau“ hatte hier eine tiefere Bedeutung (Gen 3,15). Auch wollte er seiner Mutter zu verstehen geben, dass er jetzt seinem himmlischen Vater zu folgen habe. Maria hatte verstanden und gab der Bedienung die Weisung: „Was er euch sagt, das tuet!“

Maria hatte bei diesem ersten Wunder Jesu als Fürsprecherin und Mittlerin gewirkt. Die Verwandlung des Wassers in Wein deutete geheimnisvoll auf die Wandlung von Wein in sein Blut, die bei einem anderen Mahle geschehen würde.

Nach einiger Zeit ließ Jesus die sechs Krüge bringen, ließ sie umdrehen zum Zeichen, dass sie leer und rein waren und befahl, sie mit Wasser zu füllen. Man trug, sie zu einem Brunnen, der sich in einem Kellergewölbe befand. Dort war ein Trog mit einer Pumpe. Die gefüllten Krüge waren schwer und mußten von zwei Männern getragen werden. Jesus segnete die gefüllten Krüge. Als er wieder zu Tisch lag, gab er die Weisung, einzuschenken und dem Speisemeister einen Trunk zu bringen. Wie es weiterging, ist bekannt.

Als nun alle von dem Wein mit großem Erstaunen

tranken und die Diener beteuerten, woher der Inhalt der Krüge stamme, entstand eine Stille und Ehrfurcht in der ganzen Gesellschaft. Jesus lehrte noch viel über dieses Zeichen. Sie würden noch ein größeres Wunder erleben bei seinem letzten Mahle. Aber das könnten sie jetzt nocht nicht verstehen. Da gehe es auch um eine Hochzeit, aber von anderer Art.

Alle seine Jünger, seine Verwandten und alle Festgäste waren nun überzeugt von seiner Macht und Würde und seiner Sendung. Sie glaubten alle an ihn. Die von dem Wein getrunken hatten, waren besser, einig und liebevoll geworden. So hat hier Jesus zum ersten Mal sich geoffenbart durch das Zeichen, das er hier gewirkt hatte, um ihren Glauben zu wecken und zu bestätigen. Darum wird es auch am Anfang seines Wirkens erzählt, wie das Abendmahl als das letzte, da der Glaube der Seinen schon geweckt war.

Jesus, der uns das Reich Gottes verkündigt hat

(Angesichts der umfangreichen Schilderungen der Seherin über die Zeit des öffentlichen Lebens Jesu, der ständig unterwegs war mit Lehren und Heilen der Kranken, ist es schwer, ein vollständiges Bild zu vermitteln. A. K. Emmerick nennt ja Hunderte von Orts- und Personennamen. Besonders gut kennt sie sich aus in den etwas komplizierten Verwandtschaftsverhältnissen. Als Näherin beschreibt sie besonders genau die Kleidung der verschiedenen Personen. Es sei ein Ausschnitt herausgegriffen, der mit „Die Bergpredigt" überschrieben ist.)

Jesus fuhr mit vielen Jüngern über den See und landete eine (Weg-)Stunde nördlich vom Haus des Matthäus. Viele Menschen hatten sich schon zu dem Berg begeben, östlich von Bethaida-Julias, auch Heiden, Geheilte und Neugetaufte. Dort wollte Jesus lehren. In dieser Gegend wohnen viele Heiden.

Jesus wurde von den Fischern unter seinen Jüngern gefragt, ob sie auch mitkommen dürften; denn der reiche Fischfang, den sie kürzlich gemacht hatten, befreite sie von Nahrungssorgen. Jesus sagte ihnen aber, sie sollten zunächst die in Karpharnaum Zurückgebliebenen taufen, dann aber ihrem Beruf nachgehen, weil die Menge der versammelten Menschen viel Nahrung erfordere.

Vor der Überfahrt hatte Jesus allgemein auf seine Lehre über die acht Seligkeiten hingewiesen. Zu seinen Jüngern sagte er auch, dass sie das Salz der Erde seien, dass sie auserwählt seien, die anderen zu erfrischen und frisch zu erhalten. Deshalb dürften sie selber nicht kraftlos werden.

Auf dem Berge war kein Lehrstuhl, aber ein Hügel mit einem Wall und einem Zeltdach. Gegen Westen und Südwesten konnte man auf den See schauen bis zu den jenseitigen Bergen und zum Tabor.

Jesus sprach zuerst allgemein über die Seligkeiten, dann legte er die erste aus: „Selig, die arm sind vor Gott, denn ihrer ist das Himmelreich.“ Er erzählte Beispiele und Parabeln, sprach vom Messias und besonders über die Bekehrung der Heiden. Er sagte, nun sei eingetroffen, was die Propheten vom Trost der Heiden geweissagt hätten. Geheilt wurde hier nicht, denn die Kranken waren in den vorausgehenden Tagen geheilt worden. Es waren auch Pharisäer mit einem eigenen Schiff über den See gekommen. Sie hörten zu mit Neid und Ärger.

Die Leute hatten sich Speise mitgebracht und aßen in den Pausen. Auch Jesus und seine Jünger hatten Fische, Brot und Honig, auch kleine Krüge mit einem Saft oder Balsam, den man unter das Wasser mischte.

Gegen Abend kehrten die Leute aus Karpharnaum, Bethaida und anderen benachbarten Ortschaften nach Hause zurück. Für andere warteten Schiffe am See. Jesus und seine Jünger gingen zum Jordantal hinab in eine Hirtenherberge. Er lehrte noch weiter und bereitete die Jünger auf ihre künftige Aufgabe vor.

An den folgenden Tagen setzte Jesus die Bergpredigt fort. Maria, Maria Kleophä, Maroni (die Witwe) von

Naim und noch zwei andere Frauen sah ich einmal dabei.

Als Jesus mit seinen Jüngern zum See ging, sprach er wieder von ihrem bevorstehenden Auftrag. „Ihr seid das Licht der Welt!“ Er redete von der Stadt auf dem Berge, vom Licht auf dem Leuchter, vom Erfüllen des Gesetzes. Dann fuhr er nach Bethaida und blieb im Hause des Andreas.

Unter den Täuflingen, die Saturnin in diesen Tagen taufte, befanden sich auch Juden aus Achaia, deren Voreltern zur Zeit der babylonischen Gefangenschaft dahin geflüchtet waren.

Bethaida-Julias ist eine neue heidnische Stadt, in der aber auch Juden wohnten. Dort befindet sich eine Gelehrtenschule, in der die verschiedenen Wissenschaften gelehrt wurden. Jesus hatte sie noch nicht besucht. Aber die dort Tätigen kamen zu den Lehrvorträgen Jesu und nach Karpharnaum, wo auch ihre Kranken geheilt wurden. Diese Schule liegt ganz schön da im engen Jordantal, etwas auf der Höhe an der Ostseite, eine halbe (Weg-)Stunde von der Mündung des Jordan in den See. Eine (Weg-)Stunde nördlich davon führt eine Brücke über den Fluss.

Beim Absteigen sprach Jesus zu seinen Jüngern über die künftigen Leiden und Verfolgungen. Er schlief im Schiff des Petrus.

Jesus, der auf dem Berg verklärt worden ist

Von der Herberge vor Radad-Rimmon ging Jesus mit einigen Jüngern ostwärts nach Kisloth-Tabor, das am Fuß des Berges gegen Mittag liegt. Er nahm Petrus, Johannes und Jakobus Major mit und stieg auf einem Fußpfad den Berg hinauf. Auf dem zweistündigen Weg verweilte Jesus oft an Stellen und Höhlen, wo Propheten gewohnt hatten, erklärte ihnen mancherlei und betete mit ihnen. Auf dem Gipfel hatte man eine weite Aussicht. Es war dort ein großer freier Platz, der mit einer Umwallung und schattigen Bäumen umgeben war. Der Boden war mit wohlriechenden Kräutern bedeckt. In einem Felsen war ein Wassertrog verborgen.Wenn man an einem Zapfen zog, floss helles, sehr kühles Wasser.

Jesus setzte hier seine Lehre fort und sagte, sie sollten jetzt mit emporgehobenen Händen inständig beten. Er lehrte sie auch das Vaterunser, in das er Psalmverse einfügte. Sie beteten im Halbkreis, in den Knien sitzend. Jesus kniete ihnen gegenüber, an einen aus der Erde hervorstehenden Felsen gelehnt. Er sprach wunderbar tiefsinnig von der Erschaffung und Erlösung. Seine Worte waren so liebevoll und begeistert, dass die Jünger ganz trunken wurden. Jesus wollte ihnen zeigen, wer er in Wirklichkeit war. Sie sollten ihn in seiner Verherrlichung sehen, damit sie nicht im Glauben wankend würden, wenn sie sähen, dass er geschmäht, misshandelt und im Tod von aller Herrlichkeit verlassen werde.

Die Sonne war untergegangen, und es wurde dunkel. Sie merkten es aber gar nicht, so wunderbar war die Rede und das Wesen Jesu. Er wurde immer leuchtender. Um ihn herum erschienen Engel. Petrus sah sie und fragte: „Meister, was soll das bedeuten?" Jesus antwortete: „Sie dienen mir". Petrus rief ganz begeistert mit ausgestreckten Armen: „Meister, wir sind ja hier. Wir wollen dir in allem dienen".

Mit dem Erscheinen der Engel kamen Ströme von wechselndem Wohlgeruch und Sättigung und himmlischem Genügen über die Apostel. Jesus aber leuchtete immer mehr und war wie durchschimmernd. Der Kreis um sie war in der dunklen Nacht so erleuchtet, dass man jedes Kräutchen wie am hellen Tag auf dem Rasen erkennen konnte. Die drei Apostel wurden so innerlich und so erquickt, dass sie beim stärker werdenden Leuchten ihr Haupt verhüllten, sich zur Erde beugten und so liegen blieben.

Es war etwa um zwölf Uhr in der Nacht, als ich diese Glorie auf ihrem Höhepunkt sah. Vom Himmel sah ich eine leuchtende Bahn kommen mit einer stets wechselnden Bewegung von Engeln verschiedenster Art. Einige waren klein, doch in ganzer Gestalt, andere schimmerten bloß wie Gesichter aus dem Licht

**Lichtreiche Geheimnisse:
„Jesus, der von Johannes
getauft worden ist.“**

hervor. Viele erschienen priesterlich, andere kriegerisch. Alle hatten ein verschiedenes Wesen in sich (Die Theologen sagen, dass bei den Engeln jeder eine eigene Spezies ist), und es strömten verschiedene Erquickungen, Kräfte, Wonnen und Lichter aus ihnen. Sie waren in ständiger Tätigkeit und Bewegung.

Die Apostel lagen auf ihrem Angesicht, mehr verzückt als schlafend. Da sah ich drei leuchtende Gestalten zu Jesus in das Licht eintreten. Sie schienen ganz natürlich zu kommen, aus der Nacht in diese beleuchtete Stelle. Zwei sah ich deutlicher und körperlicher. Sie redeten mit Jesus. Es waren Mose und Elija. Die dritte Erscheinung sprach nicht. Sie war leichter und geistiger. Es war Malachias.

Ich hörte, wie Mose und Elija Jesus begrüßten und wie er von seiner Erlösung und seinem Leiden mit ihnen sprach. Ihr Zusammensein hatte etwas ganz Einfaches und Natürliches. Mose und Elija erschienen nicht so alt und abgelebt, wie sie die Erde verlassen hatten. Sie sahen blühend und jung aus. Mose war größer, ernster und majestätischer als Elija. Er war ein ganz fester Mann und wie ein strenger Zuchtmeister, aber sehr rein und recht und einfach. Er sagte zu Jesus, wie er sich freue, ihn zu sehen, der ihn und sein Volk aus Ägypten geführt habe und jetzt das noch größere Werk der Erlösung vorhabe. Er erwähnte viele Vorbilder aus seiner Zeit, sprach sehr tiefsinnig vom Osterlamme und dem Lamme Gottes. Elija war ganz anders. Er war feiner, lieblicher und milder anzuschauen. Beide waren aber sehr von der Erscheinung des Malachias verschieden. Ihnen konnte man etwas Menschliches, Erlebtes in ihren Gesichtern und Gestalten ansehen. Malachias hatte etwas Außermenschliches an sich wie ein Engel.

Jesus sprach mit ihnen von allem Schweren, das er bis jetzt erfahren hatte, und von dem Leiden, das ihm bevorstand. Alles beschrieb er Punkt für Punkt. Mose und Elija waren sehr bewegt, aber auch freudig, voller Mitleid und Tröstung. Ihre Verehrung des Heilandes war ein beständiges Lobpreisen Gottes. Sie nannten die Vorbilder des Geschehens und priesen Gott, der sich seines Volkes von Ewigkeit erbarmt habe. Malachias aber schwieg.

Die Jünger erhoben ihre Köpfe und sahen lange die Herrlichkeit Jesu. Als der Herr in der Schilderung seines Leidens auf seine Erhöhung am Kreuz zu sprechen kam, breitete er seine Arme aus, als wolle er sagen: So wird der Menschensohn erhöht werden. Sein Angesicht war gegen Mittag gekehrt, und er war ganz vom Licht durchdrungen. Sein Gewand schimmerte bläulich-weiß. Er und die Propheten, auch die drei Apostel, waren über die Erde emporgehoben.

Als die Propheten verschwanden, Mose und Elija gegen Morgen, Malachias gegen Abend in das Dunkel, sprach Petrus außer sich und freudig: „Meister, hier ist gut sein für uns, hier wollen wir drei Hütten bauen." Er meinte, wir brauchen keinen anderen Himmel, es ist ja alles voller Seligkeit. Unter den Hütten verstand er Orte der Ruhe und Ehre, Wohnungen der Heiligen. Er sprach in einem freudigen Taumel, in einer Verzückung, ohne zu wissen, was er sagte.

Als sie wieder zum Bewusstsein kamen, erschien eine lichte Wolke über ihnen wie der Nebel, der morgens über den Wiesen schwebt. Über Jesus sah ich den Himmel offen und das Bild der Allerheiligsten Dreifaltigkeit, umgeben von Engelscharen. Ein Strom von Licht ergoss sich auf Jesus, und wie ein lieblich flüsterndes Wesen kam eine Stimme: „Dieser ist mein geliebter Sohn, an dem ich Wohlgefallen habe. Diesen höret!" Da befiel Furcht und Zagen die Apostel. Sie warfen sich auf ihr Gesicht, denn jetzt wurde ihnen bewusst, dass sie arme, schwache Menschen die Herrlichkeit ihres Meisters gesehen hatten.

Jesus trat zu ihnen, rührte sie an an und sprach: „Stehet auf und fürchtet euch nicht!" Jesus war allein. Es war drei Uhr morgens. Es dämmerte schon und feuchte Tauwolken schwebten über der Landschaft am Fuß des Berges. Jesus sagte ihnen nochmals, dass sie ihn in seiner Verklärung sehen durften, um sie im Glauben zu stärken. Petrus, der ihn auf Grund einer besonderen Erleuchtung Gottes als Erster in seinem

Wesen erkannt hatte, erinnerte er an seine Aufgabe, Fels der Kirche zu sein. Sie beten noch miteinander und stiegen in der Morgenröte auf der Nordwestseite des Berges hinab.

Beim Absteigen befahl ihnen Jesus, von dem Geschauten niemand etwas zu sagen, bis der Menschensohn von den Toten auferstanden sei. Die Jünger aber teilten sich untereinander ihr Befremden mit über den Ausdruck: „bis der Menschensohn von den Toten auferstanden sei". Aber sie wagten nicht, Jesus zu fragen.

Jesus, der uns die Eucharistie geschenkt hat

Schon vor Anbruch des Tages rief Jesus Petrus und Johannes zu sich und besprach mit ihnen alles, was sie in Jerusalem für das Mahl, das Osterlamm, anschaffen und vorbereiten sollten. Er verwies sie an einen Mann mit dem Wasserkruge. Dieser freute sich sehr und erklärte, die Mahlzeit sei schon bestellt worden (wahrscheinlich durch Nikodemus), er habe aber noch nicht gewusst, für wen. Nun freue er sich sehr, dass Jesus der Auftraggeber sei. Er hatte den Saal für das jetzige Osterfest wieder gemietet für Leute, die keinen Hausvater hatten.

Die Seherin beschreibt dann das Gebäude mit seinen

Nebenräumen genau, auch seine Vorgeschichte, seine teilweise Zerstörung zu Beginn und während der babylonischen Gefangenschaft, seine Verwendung in der Zeit Davids. Vorher war dort zeitweise die Bundeslade untergebracht. Jetzt wurden hier außerhalb der Festzeiten Grabsteine gelagert. Daneben war eine Werkstatt für Steinhauer, die Joseph von Arimathäa gehörte. Auch Nikodemus war daran beteiligt und trieb zu seiner Erholung selbst Bildhauerei. Jetzt zur Festzeit war alles aufgeräumt und zur Vermietung an Gäste hergerichtet.

Besondere Aufmerksamkeit richtete die Seherin auf die verschiedenen Geräte zur Abendmahlsfeier, vor allem auf den Kelch, der eine lange Vorgeschichte hatte. Sie beschreibt seine Gestalt und das Material, aus dem er gearbeitet worden war, auch sein späteres Schicksal. Er geht auf Mose, Abraham und Melchisedech zurück. Wie die verschiedenen Opfer des Alten Bundes Vorbilder des neutestamentlichen Opfers Christi waren, so ähnlich führte auch dieser Kelch auf die Vollendung im eucharistischen Opfer hin.

Der Abendmahlssaal wurde festlich hergerichtet, mit Teppichen behängt. Neben dem Hauptraum, in dem Jesus und seine Apostel Platz nahmen, gab es noch zwei Nebenräume. In einem waren weitere Jünger und im anderen die Frauen mit Maria untergebracht.

Drei Osterlämmer waren für die drei Gruppen geschlachtet worden. Ein viertes wurde während der Feier geschlachtet und zubereitet. Jesus stellte dabei die Verbindung her zum Geschehen vor dem Auszug aus Ägypten. Als das Lämmchen zur Schlachtung festgebunden wurde, dachte die Seherin an Jesus, wie er an der Geißelsäule angebunden war. Mit dem Blut des Lammes wurde der Türsturz bestrichen. Jesus sagte, hier solle der Würgengel vorübergehen. Die Seinen sollen ruhig und sicher hier anbeten, wenn er, das wahre Osterlamm, geschlachtet würde. Es begänne jetzt eine neue Zeit mit einem neuen Opfer, das bis ans Ende der Welt fortdauere.

Am Ende des Saales war der Osterherd, wo das Lamm gebraten wurde. Auch die schon geschlachteten Lämmer wurden hier zubereitet. Währenddessen legten die Jünger ihre Festgewänder an. Es wurde gebetet und gesungen. Der Tisch für die Apostel bildete einen Halbkreis, um den herum die Liegepolster angeordnet waren. Die Seherin erklärte genau, wer an welchem Platz sich befand. Jesus war in der Mitte. Ihm wurde das Lamm gebracht und die verschiedenen Zutaten. Er zerlegte das Lamm und teilte jedem davon aus. Jeder erhielt Brotkuchen, und es wurde Wein ausgeschenkt. Dabei sagte Jesus: „Nehmt den Wein und teilt ihn unter euch; denn ich werde von nun an keinen Wein mehr trinken, bis das Reich Gottes kommt." Dann wurde wieder gesungen und Jesus lehrte. Er sagte auch: „Einer unter euch wird mich verraten, dessen Hand mit mir auf dem Tische ist“ oder: „dessen Hand mit mir in die Schüssel taucht“. Die Apostel waren bestürzt und fragten abwechselnd: „Herr, bin ich es?“

Jesus hatte damit Judas nicht bloßgestellt. Nur Johannes, der Jesus am nächsten an seiner Seite war, (alle lagen auf dem linken Arm, weil man mit dem rechten aß), erhielt von Petrus einen Wink, er solle den Herrn fragen. Nur ihm gab der Herr zu verstehen: „Der, dem ich den Bissen eintauche und gebe“. Darauf gab Jesus dem Judas einen Bissen Brot, mit Lattich umwunden, den er in die Brühe tauchte. Er gab ihn Judas mit herzlicher Liebe, um ihn zu mahnen, ohne ihn vor den andern zu verraten. Judas war aber innerlich ganz ergrimmt. Ich sah während der ganzen Mahlzeit ein kleines Ungeheuer zu seinen Füßen sitzen.

Anschließend schildert die Seherin die Fußwaschung. Danach wurde wieder der Tisch zugerüstet. Der Kelch wurde von Petrus und Johannes an den beiden Henkeln herbeigebracht. Die Seherin beschreibt nun den Vorgang immer genauer, wobei sie sich mehrfach an den Ritus der Messe erinnert. Jesus wurde während dieser Handlungen immer inniger und sagte, er wolle ihnen nun alles geben, was er habe, sich selbst. Jesus betete und lehrte noch. Alle seine Worte gingen wie Feuer und Licht aus seinem Munde in die Apostel ein, außer Judas. Jesus sprach:

„Nehmet hin und esset, das ist mein Leib, der für euch gegeben wird!" Dabei bewegte er seine Rechte segnend darüber; und als er dies tat, ging ein Glanz von ihm aus in die Apostel hinein. Zuerst reichte er das Brot dem Petrus, dann dem Johannes und dann dem Judas, wobei er ihm sagte: „Was du tun willst, das tue bald!" Dann empfingen die andern Apostel paarweise das Sakrament. Jetzt hob Jesus den Kelch an den beiden Ringen empor und sprach die Worte der Einsetzung hinein. Petrus schöpfte aus dem Kelch Wein in sechs Becher, aus denen die Apostel paarweise tranken. Nachdem Judas davon getrunken hatte, verließ er sofort das Cönaculum. (Da kannst du sehen, wie übel es bestellt ist, wenn man ohne Dankgebet vom täglichen Brot und vom eucharistischen Brot weggeht.) Als Judas vor der Türe war, sah ich drei Teufel um ihn. Einer fuhr ihm in den Mund, einer trieb ihn, einer lief vor ihm her. Er lief wie ein Rasender.

Ich sah nicht, dass Jesus selbst von dem gesegneten Brot und Wein genommen hat. Die übrigen Brote und auch der Rest des Weines wurden wie in einem Tabernakel aufbewahrt und ich sah, wie die Apostel nach der Auferstehung von dem konsekrierten Brot und Wein genossen haben.

Alle Verrichtungen während der Einsetzung des heiligsten Sakramentes vollzogen sich sehr geregelt und feierlich, und zugleich lehrend und unterweisend.

Alles zeigte den Keim der heiligen Messe.

Auffallend ist, dass A. K. Emmerick die Zeitfolge etwas anders sieht, als sie uns in den Abendmahlsberichten der Evangelien geschildert wird. Bei ihr wird zuerst das Osterlamm geschlachtet und verzehrt. Dann folgt die Fußwaschung und am Ende die Einsetzung der Eucharistie, und zwar die Wandlung des Brotes und des Weines ohne große Zwischenhandlung. In den Evangelien heißt es: „Nach dem Mahle nahm Jesus den Kelch.“ Vermutlich brachte die Seherin aus ihrer Kenntnis der Messe die Konsekration von Brot und Wein mehr zusammen. Tatsächlich wurde die Feier des Herrenmahles schon bald von einem Sättigungsmahl getrennt (1 Kor 11). Zur Erklärung dieser Unstimmigkeit kann man einerseits anführen, dass die Seherin wiederholt darüber klagte, dass ihr Gedächtnis sie im Stich gelassen habe, dass sie auch nicht alles verstanden habe oder manches verwechsle. Man bedenke, dass diese völlig ungebildete Frau Hunderte von Personen- und Ortsnamen behalten hat, auch die verschiedenen Ereignisse im Laufe der Geschichte an den betreffenden Orten sah und beschrieb. Auch können uns die verschiedenen Unstimmigkeiten daran erinnern, dass bei diesen „Privatoffenbarungen“ die Assistenz des Heiligen Geistes nicht in gleichem Maß gegeben war wie bei der Heiligen Schrift.

Die schmerzhaften Geheimnisse

Jesus, der für uns Blut geschwitzt hat

Gegen neun Uhr abends kam Jesus mit seinen Aposteln nach Gethsemane. Auf der Erde war es düster, der Himmel war mondhell.

Jesus wurde sehr traurig und sprach von der Nähe der Gefahr. Die bestürzten Apostel wollten ihm die Betrübnis ausreden. Innigkeit und Begeisterung erfüllte noch ihre Herzen von der liebevollen, feierlichen Rede Jesu und dem Empfang des heiligen Sakramentes. Sie drängten sich dicht um ihn und sprachen ihm auf verschiedene Weise ihre Liebe aus. Aber Jesus verfiel immer mehr in Schwermut.

Er wies die acht Apostel an zurückzubleiben und nahm nur Petrus, Johannes und Jakobus mit. Sie hatten ihn in seiner Verklärung gesehen und durften auch in seiner Verlassenheit bei ihm sein.

Jesus fühlte die nahende Angst und Versuchung. Er blickte umher und sah von allen Seiten schreckliche Bilder wie Wolken auf sich eindringen. Da ließ er auch diese drei Apostel zurück und verbarg sich tief geängstigt in einer Höhle, die von Felsen und überhängendem Gesträuch verdeckt war.

Aber die drohenden Bilder verfolgten ihn und wurden immer deutlicher. Es war, als umfasse diese

enge Höhle die Greuel- und Angstbilder aller Sünden, ihrer Last und ihrer Strafe vom Falle der ersten Menschen bis zum Ende der Welt.
Engel zeigten ihm die ganze Herrlichkeit des Menschen vor dem Sündenfall, dann die erste Sünde und die Abkunft jeder Sünde aus dieser, die innere Scheußlichkeit aller Sündenlust und die daraus folgende Zerstörung an Seele und Leib der Menschen. Dann zeigten die Engel ihm die reinigenden Strafen und heilenden Peinen, welcher es bedürfe, um die göttliche Gerechtigkeit zu vollziehen und die ganze Schuld der Menschheit zu sühnen.

Jesus bot sich der göttlichen Gerechtigkeit zur Genugtuung an. Seine Gottheit zog sich gewissermaßen in die Heilige Dreifaltigkeit zurück, und er gab sich aus unendlicher Liebe, bloß mit der Kraft seines menschlichen Herzens ausgerüstet, allen bevorstehenden Leiden hin. Um für die Wurzel und Entfaltung aller Sünde genugzutun, nahm er die Wurzel aller reinigenden Sühnung und heilenden Peinen in sein Herz auf und ließ dies unendliche Leiden für unendliche Sünden wie einen tausendarmigen Baum von Schmerzen alle Glieder seines Leibes, alle Sinne seiner Seele durchdringen und durchwachsen.

Der Satan aber, der sich in furchtbarer Gestalt zwischen all diesen Bildern bewegte, ergrimmte immer heftiger gegen Jesus und brachte große Versuchungen über ihn: „Wie, du willst all das sühnen? Du bist doch selbst ohne Verdienst und hast so viel verschuldet!“ Wie die arglistigen Pharisäer beschuldigte er ihn mit höllischer Frechheit aller Fehler seiner Jünger, aller Verwirrung und Unordnung, die er durch die Abschaffung alter Gebräuche in die Welt gebracht habe. Er hielt ihm den Kindermord des Herodes vor, dessen Veranlassung er gewesen wäre, die Not und Gefahr seiner Eltern in Ägypten, den Tod Johannes des Täufers, die Auflösung vieler Familien, den Schutz verworfener Menschen, die Vernachlässigung seiner Mutter, das Vergeuden von fremden Gütern und Ähnliches.

Anfangs kniete Jesus ruhig in betender Stellung. Später aber erschrak seine Seele vor der Menge und Abscheulichkeit der Sünden und des menschlichen Undanks gegen Gott, und es überfiel ihn eine so zermalmende Trauer und Herzensangst, dass er zitternd und zagend seinen Vater fragte, ob es möglich sei, dass dieser Kelch an ihm vorübergehe. Die Schrecken des Todes und die menschliche Furcht vor der Größe der sühnenden Pein umdrängten ihn in den schauderhaftesten Gespensterbildern. Er rang die Hände, seine Lippen waren bleich, seine Haare stiegen empor. So wankte er zu seinen Jüngern.

Diese saßen aneinander gelehnt und waren vor Kummer und Angst eingeschlafen. Ermattet ließ sich der Herr zu ihnen nieder. Da erwachten sie, und als sie ihn so jammernd fanden, waren sie ganz und gar ratlos. Johannes sagte. „Meister, was ist mit dir, soll ich die anderen Jünger rufen, sollen wir fliehen?“ Er wehrte ab und suchte ihnen den Kampf seiner menschlichen Natur und die Ursache seiner Schwäche zu erklären und mahnte sie zur Ausdauer. – Er war etwa eine Viertelstunde bei ihnen und kehrte mit wachsender Angst in die Höhle zurück. Sie streckten ihm die Hände nach, weinten, fragten sich, was mit ihm vorgehe, er sei ja ganz verlassen. Und dann begannen sie, mit verhülltem Haupte in großer Betrübnis zu beten. Aber bald schliefen sie wieder ein, denn sie waren durch misstrauendes Gerede in Versuchung gefallen. Die anderen acht Apostel schliefen indessen nicht. Die Angst Jesu in seinen letzten Äußerungen machte sie höchst unruhig. Sie strichen am Ölberg umher und suchten sich Schlupfwinkel. – Auch die Mutter des Herrn mit den Freundinnen war, beunruhigt von Gerüchten, vor die Stadt gegangen, um sich zu erkundigen. Lazarus, Nikodemus, Joseph von Arimathäa und Verwandte hatten Nachricht eingezogen, aber von näheren Schritten gegen Jesus nichts erfahren.

Nun aber nahte dem Herrn ein neuer, heftiger Angstkreis. Der Versucher stellte ihm die Frage vor die Seele: „Was wird der Gewinn dieses Opfers sein?“ Jesus, der neue Adam, wollte auch einen Schlaf, den Schlaf des Todes am Kreuze, über sich kommen lassen, wollte auch seine Seite öffnen lassen, damit die neue Eva, seine Braut, die Kirche, die Mutter aller Lebendigen, aus ihm gebildet werde. – Jetzt aber sah er die Leiden, Anfechtungen und Verletzungen der künftigen Kirche, die er so teuer mit seinem Blute erkaufen wollte. Er sah in der Kirche die Leiden und Verfolgungen seiner Freunde, die ganze Wiederholung des Sündenfalles durch Hoffart und Ungehorsam, Undankbarkeit und Bosheit unzählbarer Christen in unermesslichen Bildern aus allen Jahrhunderten. Jeder wollte den Erlöser nach seinen eigenen Gelüsten haben. Viele trennten sich von seiner verwundeten Braut und schweiften heimatlos umher, den Wölfen preisgegeben. Der Satan zerriss und erwürgte vor seinen Augen Menschen, die durch sein Blut erlöst und mit seinen Sakramenten gesalbt waren. – Jesus kämpfte einen schweren Kampf gegen den Widerwillen, für ein so undankbares Geschlecht so Unaussprechliches zu leiden. Es ist nicht auszudrücken, welche Schmerzen seine Seele durch diese Bilder erlitt. Sie erfüllten ihn mit solchem Grauen, dass ihm blutiger Schweiß ausbrach und er seine Stimme mit lautem Jammer erhob.

Die drei Apostel sprangen auf und horchten nach ihm hin. Petrus eilte in die Höhle und fragte: „Meister, was ist mit dir?“ Er war ratlos, als er ihn so ganz voll Blut und Schrecken sah. Jesus aber schien ihn nicht zu bemerken. Da kehrte Petrus zurück und berichtete, dass er nicht geantwortet habe und nur wimmere und seufze. Da wuchs ihre Trauer und sie verhüllten das Haupt, saßen und beteten unter Tränen.

Der Satan zeigte sich nun vor Jesus in abscheulichen, verzerrten Gestalten, entsprechend den verschiedenen Arten, die göttliche Barmherzigkeit zu missbrauchen. Zuletzt erschien er als Schlange mit einer Krone auf dem Haupt. Sie stürzte riesenhaft mit entsetzlicher Gewalt hervor und mit ihr drangen von allen Seiten große Heerscharen jeden Standes und Geschlechtes auf Jesus ein. Sie spien, fluchten, warfen Unrat, stachen und schlugen gegen Jesus. Mit allen möglichen Gegenständen und Waffen verwundeten sie sich selbst untereinander, stürzten dann aber wieder mit furchtbarem Grimme gegen den Herrn. Ihre Schwerter und Spieße hoben und senkten sich wie Dreschflegel einer unabsehbaren Tenne und wüteten gegen das himmlische Weizenkorn, das zur Erde gekommen war, um alle mit dem Brote des Lebens zu nähren. Die Schlange war mitten unter ihnen, trieb sie an, schlug mit ihrem Schweife hin und her, erwürgte viele, zerriss und verschlang sie. – Diese unübersehbaren Scharen waren jene, die den Erlöser im Altarsakrament auf mannigfaltigste Weise misshandeln. Als dieses Kriegsheer ihn zerfleischte, floh er aus der Höhle zu seinen Jüngern hin.

Diese waren wieder in Betrübnis und Müdigkeit eingeschlafen. Als Jesus zitternd und ächzend nah-

**Schmerzhafte Geheimnisse:
„Jesus, der für uns Blut
geschwitzt hat.“**

te, fuhren sie auf. Im Mondschein erkannten sie ihn mit ihren verschlafenen Augen nicht gleich. Sein blutiges, bleiches Antlitz war ganz entstellt. Da sprangen sie auf, fassten ihn unter die Arme wie Liebende. Er klagte ihnen, dass er nun gefangen und morgen getötet werde. Er bat sie, seine Mutter zu trösten und Magdalena. Sie wussten nicht, was sie sagen sollten, sie glaubten, er sei von Sinnen. – Als er zur Höhle zurückkehrte, führten ihn Jakobus und Johannes. Hier betete er wieder müde und zagend: „Mein Vater, ist es Dein Wille, so nimm den Kelch von mir!"

Nun aber öffneten sich die Tiefen vor ihm! Auf einer lichten Bahn sah er in die Vorhölle hinab. – Da erkannte er Adam und Eva, Altväter, Propheten, eine große Schar Gerechter, auch die Eltern seiner Mutter und Johannes den Täufer. Sie harrten so sehnsüchtig auf seine Ankunft. Ihnen sollte sein Tod den Himmel erschließen. Da wurde sein liebendes Herz von inniger Rührung gestärkt. – Nun zeigten ihm die Engel die Scharen der künftigen Seligen, die durch sein Leiden mit dem himmlischen Vater ausgesöhnt würden. Dies war ein unbeschreiblich schönes, erquickendes Bild. Er sah seine Braut, die Kirche, wie sie aus der Heilkraft seines Erlösungstodes hervorgegangen war. An ihm zogen die Apostel vorüber, die Jünger, die Jungfrauen und Frauen, alle Martyrer, Einsiedler und Bekenner, alle Kirchenhäupter und Bischöfe, alle künftigen Scha-

ren der Klosterleute, ja alle Heere der Seligen. Alle waren geschmückt mit Blumenkronen, die nach Art, Farbe und Duft gleichsam aus ihren verschiedenen Leiden, Kämpfen und Siegen hervorwuchsen. Doch ihre Seligkeit hatten sie allein aus der Vereinigung mit den Verdiensten Christi. Sie schöpften aus einem einzigen Brunnen, aus den Leiden des Herrn, dessen Wasser die Kirche in den Sakramenten verteilte. So stand der Herr zwischen der Sehnsucht der Vorväter und dem Triumph der künftigen Seligen. Sie umgaben sein Herz wie eine Siegeskrone. Da wurde seine Seele ermutigt und gestärkt. Er liebte ja seine Brüder und Geschöpfe so sehr, dass er alles gern für eine einzige Seele gelitten hätte.
Nun schwand dieses tröstende Bild und Engel führten ihm dicht an der Erde sein ganzes Leiden vor, vom Kusse des Judas bis zu seinem letzten Worte am Kreuz nach dem Öffnen seiner Seite. Alles wurde vor seiner Seele deutlich. Alle Gebärden, Empfindungen, Worte und Taten der Menschen sah und hörte der erschütterte Herr. Alles nahm er an, allem unterwarf er sich aus Liebe. Er sank wie ein Sterbender auf sein Gesicht und sein Blutschweiß rann heftig.

Es war dunkel in der Höhle, und nun schwebte ein großer Engel herab, gab ihm einen leuchtenden Bissen in den Mund und ließ ihn aus einem Lichtkelch trinken. Dann verschwand er wieder.

Jesus hatte nun den Kelch seiner Leiden angenommen und Stärkung empfangen. Er trocknete sein Angesicht mit dem Schweißtuch, strich sein Haar damit zurück und ging zu seinen Jüngern. – Er weckte sie, es sei jetzt keine Zeit zum Schlafen, und zeigte ihnen in der Ferne, noch jenseits des Baches Cedron, eine mit Fackeln nahende Schar Bewaffneter. Er sprach mit ruhiger Fassung und sagte, einer von ihnen habe ihn verraten, er wolle sich aber ohne Widerstand in die Hände der Feinde geben. Noch einmal bat er sie, seine Mutter zu trösten. Dann ging er mit den drei Aposteln den Häschern entgegen.

Jesus, der für uns ist gegeißelt worden

Pilatus, der schwankende Richter, hatte mehrmals das Wort gesprochen: „Ich finde keine Schuld an ihm, darum will ich ihn züchtigen lassen und freigeben." Aber das Geschrei der Juden dauerte an:

„Kreuzige ihn, kreuzige ihn!" Doch Pilatus wollte erst noch versuchen, seinen Willen durchzusetzen, und gab, um die Wut der Juden auf andere Art zu stillen, den Befehl, Jesus auf römische Weise zu geißeln. Da führten die Schergen Jesus, ihn heftig stoßend und schlagend, durch das tobende, schreiende Volk hinaus auf das Forum an eine Geißelsäule, welche hier vor einer den Markt umgebenden

Halle stand. Die Henkersknechte kamen mit Geißeln und Stricken Jesus entgegen. Es waren sechs braune Menschen, klein, mit krausem, struppigem Haar. Sie hatten nur Binden um den Unterleib und ein Stück Leder, das wie ein Skapulier den Oberleib bedeckte. Es waren Sklaven und Sträflinge aus Ägypten, die an Bauten und Kanälen arbeiteten. Die Boshaftesten aus ihnen wurden für solche Henkersdienste im Prätorium gebraucht. Diese teuflischen Menschen hatten an derselben Säule arme Sünder schon zu Tode gepeitscht. Sie waren angetrunken und ganz tierisch. Sie trieben nun den Herrn, der doch ganz willig ging, mit Fäusten und Stricken zur Geißelsäule, rissen ihm den Spottmantel ab und warfen den armen Heiland schier zur Erde. – Die Säule stand frei und war so hoch, dass ein großer Mensch mit ausgestreckten Armen zu ihrem oberen, mit einem Ring versehenen Ende reichen konnte.

Jesus erschauerte und zitterte vor der Geißelsäule und zog seine Kleider selbst mit bebender Eile aus, während die Knechte ihn stießen und rissen. –

Er betete so rührend, und als er nun auch die Binde seines Unterleibes lösen musste, wandte er sein Haupt mit einem flehenden Blick zu seiner Mutter, die mit den heiligen Frauen in einem Winkel des Marktes stand, und drehte sich zur Säule, um seine Blöße durch diese zu decken. Maria, ganz von Schmerz zerrissen, kehrte sich ab und die verschleierten Frauen nahmen sie in ihre Arme.

Die Füße des Herrn wurden unten an die Säule festgeschlossen. Er umarmte die Säule, und die Schergen knebelten unter greulichem Fluchen und Zerren seine emporgezogenen Hände oben an den äußeren Ring und spannten seinen Leib so in die Höhe, dass er kaum mehr auf seinen Füßen stehen konnte.

Der Heiligste der Heiligen war in ganz menschlicher Blöße mit unendlicher Angst und Schmach an die Säule der Verbrecher aufgespannt. Zwei der Wüteriche begannen, mit rasender Blutgier seinen ganzen heiligen Rücken hinauf- und herabzupeitschen. Ihre Geißeln oder Ruten sahen aus wie von weißem, zähem Holze. Vielleicht waren sie auch Bündel von starren Ochsensehnen oder weißen Lederstreifen. Unser Herr und Heiland zuckte und krümmte sich wie ein Wurm unter den Rutenhieben. Er wimmerte und stöhnte, und ein helles, süßklingendes Wehklagen, wie ein liebevolles Gebet unter zerreißender Pein, drang durch die zischenden Rutenhiebe seiner Peiniger. Dann wieder wurden diese Klagetöne vom Geschrei des Volkes und der Pharisäer wie von einer schwarzen Wolke überdeckt. Sie schrien in großen Massen, die immer wieder von den Pharisäern herangebracht wurden: „Hinweg mit ihm! Kreuzige ihn!“

Pilatus verhandelte immer noch, und wenn er zum Volke sprechen wollte, ertönte ein Trompetenstoß, um Ruhe herzustellen. – Dann hörte man wieder das Wehklagen Jesu zwischen den Rutenhieben, vermischt mit dem Geblöke der Osterlämmer, die in der Nähe gewaschen wurden. Es hatte etwas unbeschreiblich Rührendes, wie sich das Blöken der Lämmerherden mit dem Seufzen des Heilandes vereinigte.

Infame, schier ganz nackte Jungen bereiteten an der Seite des Wachthauses frische Ruten. Andere gingen hinweg, um Dornenzweige zu holen. Die Hohenpriester ließen den Geißlern Geld zustecken. Es wurde auch ein großer Krug mit einem dicken, roten Saft gebracht, von welchem sie soffen. Davon wurden sie ganz grimmig und betrunken. – Es war kaum eine Viertelstunde, da hörten die beiden Geißler auf zu schlagen und tranken mit zwei anderen zusammen.

Jesu Leib war ganz braun und blau und rot. Er zitterte und zuckte. Spott ertönte von allen Seiten.

Das zweite Paar der Geißelknechte fiel nun mit neuer Wut über Jesus her. Sie hatten eine andere Art Ruten, welche kraus und wie von Dornen waren, in denen eiserne Knöpfe befestigt schienen. Unter ihren wütenden Schlägen zerrissen alle Schwielen seines heiligen Leibes. Sein Blut spritzte im Kreise umher; die Arme der Henker waren davon besprengt. Jesus jammerte und betete und zuckte in seiner Qual.

Jetzt zogen viele Leute auf Kamelen am Vorhof vorüber, und als das Volk ihnen sagte, was geschah, schauten sie mit Schrecken und Betrübnis zu Jesus hin. Es waren Reisende, welche teils die Taufe empfangen, teils Jesu Berglehre gehört hatten. Das Schreien und Getöse vor Pilatus hörte nicht auf.

Die beiden folgenden Schergen schlugen Jesus mit Geißeln, die aus Ruten oder Ketten bestanden, an denen spitze, eiserne Haken hingen. Sie rissen ihm damit ganze Stücke Fleisch und Haut von den Rippen. Aber der Greuel nicht genug, lösten sie die Stricke auf und banden Jesus nun mit dem Rücken gegen die Säule. Weil er so erschöpft war, dass er nicht mehr stehen konnte, banden sie ihn mit dünnen Stricken über der Brust, unter den Armen und unter den Knien an die Säule. Die Hände schnürten sie hinter der Säule in der Mitte fest. Seine schmerzlich zusammengezogenen, mit Blut und Wunden bedeckten Lenden und die zerrissene Haut des Unterleibes verhüllten seine Blöße. Wie wütende Hunde tobten die Geißler mit ihren Hieben; einer hatte eine feinere Rute in der linken Hand und zerpeitschte ihm damit das Antlitz. Es war keine heile Stelle mehr am Leibe des Herrn. Er sah die Geißler mit seinen bluterfüllten Augen an und flehte um Erbarmen. Aber sie wüteten umso schlimmer, und Jesus jammerte immer leiser.

Die fürchterliche Geißelung hatte wohl eine Dreiviertelstunde gedauert, als ein fremder Mann, der

Verwandte eines von Jesus geheilten Blinden, von hinten zu der Säule stürzte. Er schrie: „Haltet ein! Schlaget den unschuldigen Menschen nicht ganz tot!“ Da stutzen die betrunkenen Büttel und jener schnitt in Eile mit einem sichelförmigen Messer die Stricke hinten an der Säule mit einem Schnitte los. Dann floh der Mann und verlor sich unter der Volksmenge. Jesus aber sank wie ohnmächtig mit seinem blutigen Leibe am Fuß der Säule in den Kreis seines Blutes hinein. Die Geißelknechte ließen ihn liegen. Sie tranken und riefen den Henkersbuben zu, eine Krone aus Dornen zu flechten.

Nun kamen die Schergen wieder und traten ihn mit Füßen, er solle aufstehen, sie seien noch nicht fertig mit dem Könige. Sie schlugen auch nach ihm, und Jesus kroch nach seiner Gürtelbinde, die an der Seite lag. Die verruchten Buben stießen dieselbe hohnlachend mit den Füßen hin und her, so dass der arme Jesus sich mühsam in blutiger Nacktheit am Boden hinwinden musste, wie ein zertretener Wurm, seinen Gürtel zu erreichen, um seine zerrissenen Lenden zu verhüllen. Dann trieben sie ihn mit Fußtritten und Schlägen auf die wankenden Füße und ließen ihm nicht Zeit, seinen Rock anzuziehen; sie warfen ihm denselben bloß mit den Ärmeln über die Schultern und trieben ihn eilends zum Wachthaus.

Maria sah, wie ihr zerfleischter Sohn von den Bütteln vorübergetrieben wurde. Er wischte das Blut aus seinen Augen, um seine Mutter anzusehen. Sie hob die Hände schmerzvoll zu ihm hin und sah seinen blutigen Fußstapfen nach.

Jesus, der für uns ist mit Dornen gekrönt worden

Die Krönung und Verspottung Jesu geschah im inneren Hof des Wachthauses, das über dem Gefängnis an dem Forum stand. Er war mit Säulen umgeben und die Eingänge waren geöffnet. Etwa fünfzig niederträchtige Schurken, Knechte der Gefangenenwärter, Schergen, Buben, Sklaven und Geißelknechte nahmen an der Dornenkrönung teil.

Weil nun das Volk so unruhig war, hatte Pilatus eine Verstärkung der römischen Wache aus der Burg Antonia beigezogen. Anfangs drängte sich das Volk heran, aber bald umgaben tausend römische Soldaten das Gebäude. Sie standen in Reih und Glied, höhnten und lachten. Und gleichwie der Beifall die Schauspieler aufmuntert, so gaben sie durch ihr Gelächter und ihre Späße den Quälern Jesu allerlei Veranlassung, seine Leiden zu vermehren.

Man hatte den Fuß einer alten Säule in die Mitte gewälzt. Es war ein Loch darin, worin sonst wohl die Säule gestanden hatte. Darauf setzten sie einen niederen, runden Schemel und legten aus Bosheit spitze Steine und Scherben darauf. – Sie rissen Jesus abermals alle Kleider von seinem verwundeten Leibe und legten ihm einen alten, roten, zerrissenen, kurzen Soldatenmantel um; es hingen Fetzen von gelben Quasten daran. Er war schon öfter gegeißelten Verbrechern umgetan worden, um das Blut damit zu trocknen oder zum Spott. Nun schleppten sie Jesus zu dem mit Steinen und Scherben bedeckten Stuhl und stießen ihn mit dem entblößten Leib heftig darauf nieder.

Sodann setzten sie ihm die Dornenkrone auf. Sie war hoch und dicht geflochten von allerlei Stechdornen, wie man bei uns Kreuzdorn, Schlehdorn und Hagedorn hat. Diese legten sie ihm wie eine Binde um die Stirne und banden sie hinten fest zusammen. Sie gaben ihm ein dickes Schilfrohr in die Hand mit einem Busche oben. Alles taten sie mit einer höhnenden Feierlichkeit, als krönten sie ihn wirklich zum König. Dann rissen sie ihm das Rohr aus der Hand und schlugen damit heftig auf die Krone. Blut füllte seine Augen. Sie knieten vor ihm nieder, streckten ihm die Zunge heraus und spien ihm ins Gesicht.

Ach, er dürstete so entsetzlich, denn er hatte Wundfieber. Das Fleisch war hie und da bis auf die Rippen zerrissen. Seine Zunge war krampfhaft zusammengezogen. Das niederrinnende, heilige Blut rann ihm in seinen glühenden Mund, der schmachtend geöffnet war. Die schrecklichen Menschen aber nahmen seinen Mund zum Ziel ihres ekelhaften Auswurfes. So wurde Jesus etwa eine halbe Stunde misshandelt und die Kohorte, welche das Prätorium in Reih und Glied umgab, lachte und johlte dazu.

Jesus, der für uns das schwere Kreuz getragen hat

Endlich waren Anna und Kaiphas unter Zank und Grimm mit Pilatus fertig geworden. Sie erhielten ein paar lange, schmale Pergamentrollen mit der Abschrift des Todesurteils und eilten nun zum Tempel, um die gereinigten Osterlämmer zu opfern, während das wahre Lamm Gottes, mit dem ganzen Greuel ihrer Verruchtheit verunreinigt, von schändlichen Henkern zum Altar des Kreuzes geführt wurde.

Als Pilatus den Gerichtssitz verlassen hatte, folgte ihm ein Teil der Soldaten und stellte sich vor dem Palast zum Zuge auf. Eine kleine Schar blieb bei dem Verurteilten. Bewaffnete Pharisäer, darunter die grimmigsten Feinde Jesu, die auch bei der Gefangennahme am Ölberg gewesen waren, kamen gegen das Forum geritten, um den Zug zu begleiten. Schergen führten Jesus auf die Mitte des Forums, brachten das Kreuzesholz und warfen es vor seinen

Füßen krachend auf die Erde nieder. Die beiden dünneren, einzuzapfenden Arme waren auf den breiten, schweren Stamm mit Stricken aufgebunden.

Als das Kreuz vor Jesus auf dem Boden lag, kniete er nieder, umfasste es mit den Armen und küsste es, indem er leise ein rührendes Dankgebet zu seinem himmlischen Vater für die beginnende Erlösung der Menschheit sprach. Wie die Priester der Heiden einen neu gegründeten Altar umarmen, so umarmte der Herr sein Kreuz, den ewigen Altar des genugtuenden, blutigen Opfers.

Die Schergen aber rissen Jesus in aufrecht kniende Stellung. Er musste den schweren Balken mühsam auf seine rechte Schulter nehmen und ihn mit dem rechten Arm umfassen.

Jetzt ertönte die Posaune der Reiterei des Pilatus, und einer von den berittenen Pharisäern näherte sich Jesus, der noch am Boden kniete, und sagte: „Es ist aus mit den schönen Reden. Macht, dass wir ihn loswerden, vorwärts, vorwärts!“

Da rissen sie ihn in die Höhe, so dass die ganze Kreuzeslast auf seine Schultern kam. Nun setzte sich der auf Erden so schmähliche, im Himmel so selige Triumphzug des Königs der Könige in Bewegung.

Sie hatten zwei Stricke an das hintere Ende des Kreuzstammes gebunden und zwei Schergen hoben ihn daran empor, so dass er in der Schwebe blieb. Vier weitere Schergen führten Jesus an vier Stricken, die sie an seinem Gürtel befestigt hatten. Jesus mit den zusammengebundenen Kreuzhölzern auf der Schulter erinnerte lebhaft an Isaak, der das Holz zu seiner Opferung auf den Berg getragen hatte.

Auch Pilatus setzte sich in Bewegung, um in der Stadt einen Aufstand vorzubeugen. Er saß gerüstet zu Pferd, von seinen Offizieren umgeben, und es folgte eine Abteilung von etwa dreihundert Soldaten zu Fuß. Vor dem Kreuzigungszug ging ein Posaunenbläser, der an allen Straßenecken in seine Posaune stieß und die Hinrichtung ausrief. Hinter ihm zog eine Schar Buben und anderes Gesindel her. Sie trugen Getränke, Stricke, Nägel, Keile und Körbe mit allerhand Werkzeugen. Stärkere Knechte trugen Stangen und Leitern. Hierauf folgten berittene Pharisäer; dann ein Bursche, der die Kreuzes-Inschrift auf der Brust trug und auf einer Stange die Dornenkrone. Man hatte sie dem Herrn zu Beginn des Kreuzweges abgenommen, aber nach dem ersten schrecklichen Fall wurde sie ihm von teuflischen Buben wieder aufgesetzt.

Unser Herr ging unter der schweren Last gebeugt und schwankend, von Wundfieber und Durst geschüttelt, voll unnennbarem innerem Entsetzen. Sein Blick flehte, sein Mund betete, sein Herz opferte sich. Die Rechte umfasste den Kreuzesbalken, die

Linke versuchte, das hindernde Gewand zu heben, was aber die vier Schergen, die ihn führten, durch Ziehen und Drängen vereitelten.

Als die Posaune den Beginn des Kreuzweges ankündigte, konnte auch Maria nicht ruhen. Es zog sie zu ihrem leidenden Sohn, und sie bat Johannes, eine Stelle zu suchen, wo er vorüberkäme. – Johannes erwirkte durch einen mitleidigen Diener die Erlaubnis, durch Tore und Anlagen, die sonst geschlossen waren, hindurchzugehen. Man hörte schon das Getöse und Geschrei des nahenden Zuges über die Häuser hinweg, als der Diener das Tor öffnete und der schreckliche Lärm deutlicher wurde. Die arme Mutter Jesu, bleich und zitternd, blieb am Tore stehen und schaute den Weg hinab, wo der Zug nahte. – Als der Haufen der Henkersknechte mit allen Marterwerkzeugen frech triumphierend vorüberging, wimmerte die Mutter Jesu und rang die Hände. Die Schurken spotteten über sie. Da erblickte Maria ihren Sohn, schwankend und gebückt, das Haupt mit der schmerzenden Dornenkrone vom Kreuzesholz weg zur Seite geneigt. Er schaute mit blutigen, tiefliegenden Augen seine Mutter an und fiel auf die Knie und Hände nieder. Die Mutter, in der Heftigkeit ihres Schmerzes und ihrer Liebe, stürzte zu Jesus hin und sank, ihn umarmend, zu ihm in die Knie. Die Schergen schimpften und drängten sie zurück. Johannes und die Frauen führten Maria in das Tor hinein, welches dann geschlossen wurde.

Simon von Cyrene, ein Gärtner, der seiner Arbeit nachging, war in den Tumult des stockenden Zuges geraten, als Jesus nach einem Fall nicht mehr aufzustehen vermochte. Die Schergen fürchteten, dass er vor der Kreuzigung sterben werde, und zwangen nun Simon, das Kreuz zu tragen. Simon war voll Ekel und Widerwillen, doch Jesus blickte ihn so erbarmungswürdig an. Er hatte noch nicht lange hinter dem Herrn das Kreuz getragen, als er eine tiefe Rührung empfand. Er empörte sich immer mehr über die Grausamkeit der Schergen und die Bosheit der Pharisäer. Als er mitleidig den Herrn stützte und dieser sich in seiner Schwäche an ihn lehnte, wurde er selbst misshandelt. So war Simon von Zorn und Mitleid zerrissen, als der arme Jesus auf dem Gerichtsfelsen angelangt war, und wurde nun selbst mit Stößen und Schimpfen den Weg wieder hinabgetrieben. (Schon in den nächsten Tagen kam er zu den Aposteln und schloss sich den Jüngern an.)

Die Mutter Jesu war von Sehnsucht erfüllt, bei ihrem Sohn zu sein, alles mit ihm zu leiden und ihn bis ans Ende nicht allein zu lassen. Das gab ihr eine übernatürliche Stärke. Ihre Begleiterinnen eilten verschleiert mit ihr nach dem Stadthaus des Lazarus an dem Ecktor, wo die anderen heiligen Frauen bei Magdalena und Martha versammelt waren. Sie alle zogen dann ernst und entschlossen, unbekümmert um den Hohn des Pöbels, durch ihre Trauer Ehrfurcht gebietend, den Leidensweg des Herrn, ehrten alle Stellen seiner Schmerzen, suchten seine Fußstapfen, wischten das Blut ab, küssten die Erde und prägten sich alles lebhaft in ihre Seelen.

So kam die heilige Schar zum Hause der Veronika und trat hinein, weil Pilatus mit seinen Reitern und Soldaten ihnen entgegenkam. – Unter vielen Tränen verehrten sie das Schweißtuch mit dem Angesicht Jesu und priesen die Güte des Herrn zu seiner treuen Freundin. Sie nahmen ein Gefäß mit gewürztem Wein für Jesus mit und zogen mit Veronika und anderen Gutgesinnten in geordnetem Zug nach Golgotha hinauf.

Jesus, der für uns ist gekreuzigt worden

Jesus, ein Bild des Jammers, wurde von den Schergen auf das Kreuz gestreckt. Sie stießen ihn auf den Rücken, rissen seinen rechten Arm mit der Hand auf das Nagelloch des rechten Kreuzarmes und schnürten den Arm fest. Einer kniete auf seiner heiligen Brust, einer hielt die sich schließende Hand auf und ein anderer setzte den langen, starken Nagel, der spitz zugefeilt war, in das dicke Teil seiner Rechten und tat wütende Schläge mit dem eisernen

Schlegel. – Ein helles, gebrochenes Wehgeschrei tönte aus dem Munde des Herrn. Sein Blut spritzte auf die Arme der Schergen. Die Bänder der Hand wurden zerrissen und mit dem dreischneidigen Nagel in das enge Nagelloch hineingetrieben.

Nach der Annagelung der rechten Hand fanden die Kreuziger, dass seine Linke bei weitem nicht bis zur Stelle des Nagelloches reichte. Sie banden daher Stricke an seinen linken Arm und zogen, sich mit den Füßen gegen das Kreuz stemmend, so heftig, bis die Hand auf der Nagelstelle war. Jesus wehklagte. Die Arme waren ganz aus den Gelenken, seine Achseln ausgedehnt und hohl; an den Ellenbogen sah man die Knochenabsätze. Seine Brust hob sich hoch empor, die Knie zogen sich gegen den Unterleib. Sie knebelten den Arm fest und schlugen dann grausam den zweiten Nagel durch die Linke des Herrn. Das Blut spritzte empor. Der helle Wehruf Jesu tönte durch die Schläge des schweren Hammers.

Die Heilige Jungfrau fühlte alle Peinigungen mit. Sie war bleich wie eine Leiche und leichte Schmerzenstöne erklangen von ihren Lippen. Die Pharisäer höhnten und schimpften nach ihrer Seite hin, und man führte sie deshalb zurück zu den anderen heiligen Frauen. Am unteren Teil des Kreuzes war ein vorragender Klotz für die Füße befestigt, damit der Herr mehr stehe als hänge und seine Hände nicht zerrissen. Die Füße konnten auch nur so angenagelt werden, ohne zu zerbrechen. In diesen Klotz war das Nagelloch gebohrt. Für die Fersen war eine Stelle ausgehöhlt, wie überhaupt an dem Kreuzesstamm einige Aushöhlungen angebracht waren, um das längere Hängen des Gekreuzigten möglich zu machen.

Der ganze Leib unseres Erlösers hatte sich durch die gewaltsame Ausspannung der Arme in die Höhe gezogen und seine Knie hatten sich aufgerichtet. Nun aber fielen die Schergen über diese her und banden sie, mit Strickschlingen ziehend, nieder. Aber seine Füße reichten infolge der falschen Stellung der Nagellöcher bei weitem nicht bis zu dem Fußklotz. Da erhob sich unter den Schergen ein Fluchen und Schimpfen. Einige meinten, man müsse für die Hände andere Löcher bohren, denn den Klotz heraufzusetzen wäre zu beschwerlich. Andere höhnten schauderhaft, er wolle sich nicht strecken, aber sie würden ihm helfen. Sie banden ihm Stricke an das rechte Bein und zogen mit schrecklich marternder Gewalt den rechten Fuß auf den Standklotz und knebelten das Bein mit Stricken fest. Die Ausspannung des Körpers war so entsetzlich, dass die Brust krachte. Sein Unterleib zog sich ganz hinweg und es war, als brächen ihm die Rippen vom Brustbein. Jesus jammerte laut. – Sie knebelten nun auch den linken Fuß ebenso gewaltsam mit Stricken über den rechten Fuß und bohrten diesen oben am Rist mit einem dünnen Stifte vor. Nun aber ergriffen sie den schrecklich langen Nagel und trieben ihn mit großer

Anstrengung durch den verwundeten Rist des linken Fußes, dann durch den darunter ruhenden rechten Fuß krachend hindurch in das Loch des Standklotzes und durch diesen in den Kreuzesstamm hinein mit langwierigen, heftigen Hammerschlägen, unter dem Wehklagen des armen Erlösers.

Seine heilige Mutter war wieder näher zum Kreuz zurückgekehrt. Bei der Annagelung der Füße sank sie, von heftigem Mitleid zerrissen, in die Arme ihrer Begleiterinnen und es entstand ein Getümmel. Die Pharisäer ritten herzu und beschimpften sie, worauf die Freunde sie wieder zurückbrachten. Es erhob sich unter den Frauen ein Mitleidsgeschrei. Hohn und Spott antworteten auf diese Äußerung der Liebe.

Die Wehklagen Jesu waren lautere Schmerzenstöne unter stetem Beten einzelner Psalmen und Prophezeiungen, deren Weissagungen er jetzt erfüllte. Die Peiniger waren wütend über seine Geduld.

Während der Annagelung wurde noch an dem Loch gemeißelt, worin das Kreuz aufgerichtet werden sollte. – Dann zogen sie mit Stricken den oberen Teil des Kreuzes auf den erhöhten Standort, warfen diese Stricke über einen jenseits errichteten Bock und zogen das Kreuz in die Höhe. Andere steuerten mit Stangen an dem Kreuze nach und richteten den Fuß in das Loch. Dann schoben sie den Gipfel etwas vorwärts, dass es in senkrechte Stellung kam, und seine ganze Last fuhr mit einem erschütternden Stoß in die Grube nieder.

Das Kreuz erzitterte, Jesus wehklagte laut, die ausgespannte Last des Leibes zog nach unten, die Wunden wurden weiter und das Blut rann reichlicher. Sie rüttelten noch am Kreuze und schlugen es mit Keilen in dem Loche fest.

Als aber das Kreuz mit lautem Hall aufrecht in die Standgrube hineinfuhr trat ein kurzes Schweigen ein. Alles schien von einem neuen, nie dagewesenen Gefühl überrascht. – Selbst die Hölle fühlte den Stoß des Kreuzes mit Schrecken und bäumte sich in ihren Werkzeugen noch einmal mit Hohn und Fluch dagegen auf. – Bei den armen Seelen aber in der Vorhölle war eine ganz erwartungsvolle Freude. Sie horchten auf jenen Stoß. Er tönte ihnen wie das Pochen des nahenden Siegers an den Toren der Erlösung.

Das heilige Kreuz stand inmitten der Erde aufgerichtet als ein zweiter Baum des Lebens. Und aus den Wunden Jesu träufelten vier heilige Ströme nieder auf die Erde, um ihren Fluch zu sühnen. Der neue Adam befruchtete das neue Paradies.

Jetzt erscholl ein großes Trompetengetöse vom Tempel her und kündete das begonnene Schlachten der Osterlämmer an. Es wies aber mit ahnungsreicher Feierlichkeit auf das wahre Lamm Gottes, welches die Sünden der Welt hinwegnimmt.

Durch den heftigen Stoß des aufgerichteten Kreuzes wurde Jesus von Schmerzen betäubt, senkte das Haupt auf die Brust und hing ohnmächtig wie tot. Ein Soldat steckte einen Schwamm mit Essig auf einen Stab, hielt ihn Jesus vor das Angesicht, und er schien ein wenig zu saugen. – Das Höhnen dauerte an. Jesus richtete sein Haupt etwas auf und sagte: „Vater, vergib ihnen, sie wissen nicht, was sie tun“, und betete still weiter Psalmenstellen, die nun in Erfüllung gingen.

Der rechte Schächer erhielt durch das Gebet Jesu einen inneren Strahl der Erleuchtung. Er erhob seine Stimme mächtig und laut: „Wie ist es möglich, ihr lästert ihn und er betet für euch? Er hat geschwiegen und geduldet. Er ist ein Prophet; er ist unser König; er ist Gottes Sohn!“

Über diese unerwartete Strafrede des elend hängenden Mörders entstand ein Tumult unter den Spöttern, und sie suchten Steine, um sie nach ihm zu werfen. Der Hauptmann jedoch, der die früheren Soldaten durch eine neue Schar abgelöst hatte, wehrte ab, ließ sie auseinander treiben und stellte Ordnung her. Da zog ein trüber roter Nebel vor die Sonne und es trat eine ganz wunderbare Verfinsterung ein. Himmelsringe und Sternenbahnen kreisten durcheinander. Der Mond schoss über dem Ölberg hervor, voll und bleich, und zog sehr schnell von der Morgenseite vor die Sonne.

Es kam ein ungemeines Erschrecken über Menschen und Tiere. Die Vögel suchten sich Schlupfwinkel und fielen aus der Luft auf die Hügel um den Kalvarienberg nieder. Die Tiere umher brüllten und zitterten. Pferde und Esel drängten sich zusammen und ließen die Köpfe hängen. – In der zunehmenden Finsternis hörte man banges Wehklagen und der laute Spott verstummte. Manche warfen sich auf die Knie, baten Jesus um Verzeihung, und er wandte in seinen Schmerzen die Augen zu ihnen.

Die Heilige Jungfrau, ganz von Mutterliebe überwältigt, flehte innerlich, Jesus möge sie doch mit ihm sterben lassen. Da blickte der Herr seine Mutter gar ernst und mitleidig an, wies mit seinen Augen auf Johannes und sagte zu ihr: „Weib, siehe, das ist dein Sohn!“ – Mit der Anrede „Weib“ wies Jesus auf die Würde Mariens hin als Weib der Verheißung, deren Spross der Schlange das Haupt zertreten werde. Die Verheißung wurde jetzt durch den Opfertod ihres Sohnes erfüllt. – Zu Johannes aber sagte er: „Siehe, das ist deine Mutter!“ Mit diesen Worten hat Jesus Maria allen zur Mutter gegeben. Und die Heilige Jungfrau, die nach diesem feierlichen Vermächtnis ihres sterbenden Sohnes von Schmerz und Ernst erschüttert war, sprach mitten in den zerreißenden Qualen des Abschiedes wieder demütig und gehorsam in ihrem Herzen: „Siehe die Magd des Herrn, mir geschehe nach deinem Worte“, und sie nahm alle Kinder Gottes, alle Brüder Jesu, als ihre Kinder an.

Als die Dunkelheit zunahm, die Angst auf alle Gewissen drückte und dumpfe Stille über dem Volke lag, überkam den gekreuzigten Heiland in seiner unendlichen Marter trostlose Verlassenheit. Weil er ganz Gott und ganz Mensch war, durchlitt er den Zustand der von Gott verlassenen Menschheit vollkommener und bitterer, als es ein anderer Mensch vermag.

Die Finsternis hatte über zwei Stunden gedauert. – Als es wieder heller wurde, erschien der Leib des Herrn am Kreuz bleich, schwach, ganz verblutet, aber ungemein edel und rührend. Da nun seine Stunde gekommen war, rang er mit dem Tode und kalter Schweiß drang aus seinen Gliedern.

Da sprach Jesus: „Es ist vollbracht!“ Er richtete sein Haupt empor und rief mit lautem Schrei, der Himmel und Erde durchdrang, seine letzten Worte: „Vater, in Deine Hände empfehle ich meinen Geist!“ Dann sank sein Haupt mit der schweren Dornenkrone auf die Brust nieder und seine Seele verließ den Leib.

Die glorreichen Geheimnisse

Der von den Toten auferstanden ist

Am Abend nach dem Sabbat, der auf den Kreuzestod gefolgt war, richteten die heiligen Frauen an einer langen Tafel Spezereien, um damit vor Tagesanbruch zum Grabe Jesu zu gehen. Sie mischten und ordneten allerlei Kräuter, hatten auch Salben und Nardenwasser und lebende Blumen wie gestreifte Iris oder Lilien und verpackten alles in Tücher. Magdalena, Maria Kleohä, Salome, Johanna Chusa und Maria Salome hatten dieses in der Stadt eingekauft und auch die Jünger hatten Verschiedenes bei der Krämerin geholt. Die Spezereien der gestrigen Leichenbereitung rührten von Nikodemus her. Nun wollten auch sie das Beste zum Grabe des Herrn bringen.

Als die Zubereitung beendet, die Tücher zum Wegtragen verpackt waren, sprachen sie wieder über ihre Sorgen. Sie waren voll Furcht, die Feinde Jesu möchten ihnen nachstellen. Die Heilige Jungfrau aber, durch ahnungsvolle Gnade von neuem Mut durchdrungen, tröstete sie und sprach ihnen zu, nach einiger Ruhe zum Grabe zu gehen. So lehnten sie sich an die aufgerollten Lager, um etwas auszuruhen.

Gegen Mitternacht trieb es die Heilige Jungfrau, von Liebe und Sehnsucht bewegt, an die Stätten der Erinnerung. Sie hüllte sich in einen grauen Mantel und verließ allein und unbemerkt das Haus. Sie ging zum Hause des Kaiphas, dann zum Palast des Pilatus und wandelte den ganzen Kreuzweg Jesu einsam durch die öden Straßen, verweilte an allen Stellen, wo dem Heiland ein Leid geschehen war. In Liebe und Anbetung versunken, warf sie sich oft auf die Erde nieder und küsste sie.

Als sie zum Kalvarienberg kam, nahte ihr die Seele Jesu mit einer großen Schar erlöster Seelen aus der Vorhölle. Sich zu den Altvätern wendend und auf die Heilige Jungfrau weisend, sprach er: „Maria, meine Mutter!“ und kündete ihr, was er in der Vorhölle getan und wie er nun mit verklärtem Leibe auferstehen werde. Sie solle ihn an dem Steine bei dem Kalvarienberg erwarten, wo er gefallen sei.

Der Herr zeigte den Seelen seine ganze Marter und Misshandlung, auch die Annagelung ans Kreuz, die Aufrichtung, Seitenöffnung, Abnahme und Leichenbereitung. Sie waren in unaussprechlicher Ehrfurcht und schienen vor Mitleid zu beben und zu weinen. Die Heilige Jungfrau kniete nun an der Stelle nieder, wohin sie der Herr beschieden hatte.

Das Grab des Herrn war still und ruhig. Etwa sieben Wächter saßen und standen um den Hügel; es war die Wache der Pharisäer. Der Soldat, der mit der Lanze die Seite Jesu geöffnet hatte, war von Pilatus beauftragt, das Grab zu beobachten. Er hatte den ganzen Tag seinen Platz kaum verlassen. Er war großer Gnaden und Erleuchtungen teilhaftig geworden und stand auch jetzt wieder dort in mancherlei Betrachtung und schaute nach dem verschlossenen Grabe, gleich einem, der das heilige Sakrament anbetet. Es war Nacht und die Feuerkörbe warfen einen grellen Schein umher.

Als sich nun der Himmel mit einem weißen Licht erhellte, verließen Magdalena und die anderen Frauen, in Mäntel gehüllt, die Wohnung. Sie trugen eine Leuchte und unter den Mänteln verborgen die verpackten Spezereien. In großer Bangigkeit gingen sie zu dem Pförtchen des Nikodemus. Sie waren hier angekommen, als die Erde erbebte.

Die Seele Jesu schwebte wie ein großer Glanz zwischen zwei Engeln und – von vielen Geistern umgeben – durch den Grabfelsen auf seinen Leichnam nieder und verschmolz mit ihm. Nun bewegten sich die Glieder in der Einhüllung und der Leib des Herrn, mit Seele und Gottheit vereint, stieg aus den Grabtüchern hervor. Alles war voll Licht und Glanz.

Nun aber schwebte der Herr leuchtend durch den Felsen. Die Erde bebte und es fuhr ein kriegerischer Engel wie ein Blitz vom Himmel zu dem Grabe nieder und legte den Stein zur rechten Seite. – Es war eine solche Erschütterung, dass die Feuerkörbe schwankten und die Flammen herausschlugen. – Die Wächter fielen betäubt umher und lagen wie tot. Der Soldat fasste sich aber schnell, trat zum

Grablager, befühlte die leeren Tücher und ging hinweg. Er hatte nur das Erdbeben und das Wegheben des Steines durch den Engel gesehen, nun schaute er beobachtend umher und ging dann zu Pilatus, um zu berichten.

Im Augenblick, als der Engel zum Grabe herniederfuhr, erschien der auferstandene Herr seiner Mutter am Kalvarienberg. Er war ungemein schön und ernst und leuchtend. Sein Gewand, wie ein weiter Mantel um die Glieder geschlagen, wehte ihm, mit einem Ende in der Luft spielend, nach und schimmerte blauweiß wie Rauch im Sonnenschein. Seine Wunden waren sehr groß und glänzten. In der Mitte der Hand liefen Strahlen gegen die Finger zu. Die Seelen der Altväter, die bei ihm waren, beugten sich vor der Mutter Jesu, zu welcher der Herr vom Wiedersehen sprach. Er zeigte ihr seine Wunden, und als sie niedersank, seine Füße zu küssen, fasste er sie bei der Hand, hob sie auf und verschwand.

In der Ferne schimmerten die Feuerkörbe am Grabe, und der Morgen dämmerte am Himmel über Jerusalem.

Der Herr erschien auch anderen seiner Getreuen, die er lieb hatte, und in die Trauer der Kartage mischte sich allmählich der Jubel der Auferstehung.

Der in den Himmel aufgefahren ist

In den letzten Tagen vor seiner Himmelfahrt war Jesus ständig und ganz natürlich mit seinen Aposteln zusammen. Er wandelte mit ihnen viele Wege, betete mit ihnen und lehrte sie. Sie gingen in einer gewissen Scheu mit ihm um. Er hatte für sie etwas Geistiges.

Am Vorabend seiner Himmelfahrt trafen alle Jünger, heilige Frauen und viele Freunde in Bethanien bei Lazarus zusammen. Sie hatten gehört, dass der Herr sie verlassen wolle, und waren gekommen, ihn noch einmal zu sehen und Abschied von ihm zu nehmen.

Jesus aß stehend einen Imbiss mit ihnen. Die Jünger waren traurig, manche weinten bitterlich. Der Herr, voll Güte und Liebe, wies auf seine Mutter und sagte: „Was weint ihr, liebe Brüder, seht, sie weint nicht." Dann nahm er von Lazarus innigen Abschied und verließ mit den Jüngern das Haus.

Auf dem Gang nach Jerusalem machte der Herr viele Umwege. Er war von den Aposteln umgeben; es folgten verschiedene Gruppen, zuletzt die Frauen. Alle waren in großer Angst, einige weinten. Manchmal stand Jesus still, wurde gefragt und erklärte mancherlei. Die Sonne schien schön gegen Abend. Sie wandelten auf lieblichen Pfaden, in Wiesengründen und unter Bäumen. – Der Herr machte alle diese Wege, um sie noch länger in Liebe vorzubereiten. – Es kamen noch viele andere von der Gemeinde herbei, standen da und dort und warteten auf Jesus. Der Herr trat zu ihnen, lehrte sie lange, segnete sie dann, worauf sie sich entfernten. Zuletzt kam er zu den Frauen. Er redete sehr ernst; sein Wesen erfüllte sie mit Ehrfurcht. Sie traten vor ihm zurück; Magdalena wagte nicht mehr, ihn zu berühren. Nachdem Jesus einige Zeit mit ihnen geredet und sie gesegnet hatte, verließ er sie. Alle waren sehr bewegt; sie weinten so recht in sich hinein, als wenn die Seele weine. – Die Sonne war untergegangen und es dunkelte.

Gegen Mitternacht war der Herr mit Maria und den Aposteln im Abendmahlssaal in Jerusalem.

Viele Jünger waren in den Seitenhallen auf ihren Schlafbänken, die Begleiterinnen Marias in der Vorhalle.

Die Apostel legten ihre Feierkleider an und Petrus einen kostbaren Mantel, der von heiligen Vorfahren in ihre Hände gekommen war.

Auf dem Abendmahlstisch standen Opferbrote und der Kelch. Und Jesus verwandelte wie beim Letzten Abendmahl Brot und Wein und reichte ihnen seinen Leib und sein Blut. Sie hielten gegen Morgen die Metten feierlicher als gewöhnlich. Jesus gab dem Petrus nochmal Gewalt über die anderen und wiederholte, was er bei seiner Erscheinung am See Tiberias zu ihm gesagt hatte. – Ehe sie das Haus verließen, stellte ihnen der Herr die Heilige Jungfrau als ihren Mittelpunkt und ihre Fürsprecherin vor. Petrus und die anderen beugten sich vor ihr und empfingen ihren Segen.

Als der Morgen graute, verließen alle das Abendmahlshaus. In den Straßen von Jerusalem war es noch ganz still. Der Herr wurde immer ernster und schneller in seinem ganzen Reden und Tun. Er ging noch einmal lehrend die Wege seines Leidens, um die Erfüllung der prophetischen Stellen und Verheißungen in ihnen recht lebendig werden zu lassen.

In der Nähe des Kalvarienberges setzte er sich mit ihnen auf einen angenehmen Platz mit Blumen und Gras, lehrte und tröstete sie. Unterdessen wurde es Tag und ihre Herzen wurden leichter; es war ihnen, als könne er doch noch bei ihnen bleiben. – Von allen Seiten kamen neue Scharen zu ihm heran, die erfahren hatten, dass er sie nun verlassen wolle.

Als die Sonne aufgegangen war, zogen sie um die Stadt herum nach dem Ölberg. Am Fuße des Berges ließ sich der Herr wieder auf einem solch schönen, ungemein anmutigen, nur weit geräumigeren Platz nieder. Hier kamen auch noch viele andere heilige Frauen zu der Versammlung. Die Menge der Menschen wurde immer größer und war nicht mehr zu zählen.

Er sprach nun als einer, der sein Werk abschließt und bereit ist zu scheiden. Sie ahnten, dass die Trennungsstunde nahe sei.

Nun war auch in Jerusalem alles lebendig geworden, und es war ein Gerede von den vielen Leuten am Ölberg. Da kamen auch noch allerlei Leute aus der Stadt heran. Es war in der Ferne ein Gedränge und Gewimmel.

Der Herr zog nun über Gethsemane nach der Spitze des Ölberges. Er wurde immer schneller und leuchtender. Die Jünger eilten nach, vermochten ihn aber nicht mehr einzuholen. Die Menge der Menschen drängte rings den Berg hinan durch Büsche, Hecken und Gartenzäune.

Als der Herr auf der Spitze des Berges angekommen war, schien er wie ein weißes Sonnenlicht, das die Nachdrängenden blendete, und es ließ sich vom Himmel ein leuchtender Kreis zu ihm nieder, der in Regenbogenfarben schimmerte.

Der Herr legte die linke Hand auf die Brust und segnete mit erhobener Rechten sich rings wendend die ganze Welt.

Nun aber strahlte das Licht von oben mit Seinem eigenen Glanz zusammen, und von allen Seiten gingen unzählige Seelen in dieses Licht ein und verschwanden mit dem Herrn hinter einer Glanzwolke zum Himmel empor.

Glorreiche Geheimnisse:
„Jesus, der von den Toten auferstanden ist.“

Während man das Licht nicht mehr ertragen konnte, wurden alle von Schrecken und Staunen erfasst. Viele bedeckten ihr Angesicht, andere suchten sich zu verbergen. Als der Glanz etwas gewichen war, starrte die ganze Versammlung zu dem Lichtschein empor. Einige Jünger sanken vor Schmerz und Betäubung auf die Erde nieder. Nun wussten sie, was geschehen war. Der Herr war von ihnen gegangen; er war zu seinem himmlischen Vater zurückgekehrt.

In dem vergehenden Schein kamen zwei große Gestalten hernieder in langen weißen Gewändern mit Stäben in der Hand wie Propheten. Sie standen ganz still und sprachen zu der Menge: „Ihr Galiläer, was steht ihr da und schaut zum Himmel hinauf! Dieser Jesus, der aus eurer Mitte in den Himmel aufgenommen wurde, wird in derselben Weise wiederkommen." Ihre Stimmen klangen laut wie Posaunen, man musste es bis Jerusalem hören. Sie verschwanden wieder in dem letzten Lichtschein, dessen Glanz sich am Himmel auflöste, wie der Tag zur Nacht übergeht.

Nun gingen die Jünger nach Jerusalem und die Frauen hinter ihnen her. Einige weinten wie untröstliche Kinder, andere waren still und in Gedanken vertieft. Die Heilige Jungfrau war ruhig und getröstet.

Andere Leute waren ungerührt; zweifelnd und ungläubig gingen sie einzeln hinweg. Nach und nach zerstreuten sich alle. Es war schon Mittag vorüber.

Die Jünger und die Heilige Jungfrau gingen zum Abendmahlshause. Anfangs waren viele unruhig. Als sie aber in dem Hause zusammen waren, wurden sie getröstet durch die Ruhe der Mutter des Herrn. Sie besannen sich auf sein Wort, dass sie nun ihre Mutter und Fürbitterin sein solle, und fanden Vertrauen und Frieden.

Der uns den Heiligen Geist gesandt hat

Der Pfingstsabbat war vorüber. Im Abendmahlshause, dem Haus der Gemeinde des Herrn, waren weit über hundert Menschen versammelt. Zum Pfingstfest war das ganze Innere mit Bäumen und Blumen geschmückt. Die Decke des Saales war durch eine weite Klappe geöffnet. Die Säulengänge, welche den Saal umgaben, waren offen, und man sah in den Saal hinein, wie aus Kreuzgängen in das Schiff einer Kirche. Auch die Türen waren geöffnet, nur die äußeren Hoftore geschlossen.

In der Stadt ist alles voll von Fremden. Auch in der Gegend des Abendmahlshauses wandeln viele fremde Leute auf den Straßen hin und her. Sie erkundigen sich untereinander und erzählen, wie und wo dieses und jenes mit Jesus vorgegangen sei. Viele suchen auch die Wege auf, welche der Herr in seinem Leiden geführt wurde. Diese Leute sind durch alles, was sie gehört und gesehen haben, den Jüngern schon vertraut und zugeneigt. Bei Einbruch der Dunkelheit suchen sie die großen Herbergen auf, die in dieser Gegend sind.

Die Jünger des Herrn schienen heute nach den Tagen der Zurückgezogenheit und des gemeinsamen Gebetes im Abendmahlshause beruhigter. Vorher hatten sie sich allerlei Gedanken darüber gemacht, wie der Tröster, der Heilige Geist, komme. Jetzt waren sie zuversichtlich.

Petrus stand im Bischofsmantel in der Mitte des Abendmahlssaales vor dem verhangenen Allerheiligsten, das sie seit der Nacht vor der Himmelfahrt des Herrn hier aufbewahrten. – In der geöffneten Tür der Vorhalle stand die Heilige Jungfrau tief verschleiert, hinter ihr waren die übrigen Frauen.

Die Apostel befanden sich an den langen Seiten des Saales verteilt; sie schauten nach Petrus, der unter einer Lampe aus Rollen vorlas, die er auf einem Tisch vor sich liegen hatte. Zwischen den Aposteln sahen die Jünger durch die geöffneten Wände aus den beiden Seitenhallen herein. Sie sangen und beteten zusammen. Gegen Mitternacht segnete Petrus Opferbrote, die vor ihm auf dem Tische standen, brach sie und verteilte sie.

Der Himmel schien durch die offene Decke lichter

zu werden. In der ganzen Natur war eine wunderbare Innigkeit und Bewegung, die sich allen Anwesenden mitteilte. Ihre Sehnsucht nach dem verheißenen Tröster wurde immer größer. – Die Apostel waren gar stille geworden. Petrus stand vor dem Vorhang, hinter welchem das heiligste Sakrament bewahrt wurde, die Heilige Jungfrau mit den Frauen in der Vorhalle.
Als sie alle so still und sehnsüchtig, die Arme über der Brust gekreuzt, zur Erde niederblickten, breitete sich von ihnen Ruhe über das ganze Haus. Die Jünger in den umgebenden Hallen suchten ihre Schlafstellen auf, und bald war alles im ganzen Hause in der leisesten Stille.

Vor dem Morgengrauen ließ sich über dem Ölberg, wo unser Herr zum Himmel gefahren war, eine silberweiße glänzende Lichtwolke vom Himmel herab, die sich in sinkender Richtung Jerusalem näherte. In der Ferne sah sie aus wie eine runde Kugel, wie von einem starken Windstoß bewegt. Näherkommend wurde die Lichtwolke größer und war wie eine leuchtende Nebelmasse über der Stadt, bis sie sich über dem Abendmahlshaus immer dichter zusammenzog, immer durchdringender leuchtete und dann wie eine Sonne mit steigendem Windbrausen niedersank. – Das ganze Haus und die Umgebung wurden immer heller und die Apostel, Jünger und Frauen immer stiller und inniger. Ganz plötzlich stürzten weiße Lichtströme aus der sausenden Wolke nieder, die sich siebenfach durchkreuzten und sich in einzelne Strahlen und feurige Tropfen auflösten und über das Haus und seine Umgebung niederströmten.

Bei Sonnenaufgang waren das ganze Haus und sein Umkreis durch und durch von Licht durchströmt. Die Versammelten waren wie erstarrt, wie entrückt und richteten wie bewusstlos ihr Antlitz dürstend in die Höhe. In den Mund eines jeden ergoss sich ein Lichtstrom wie kleine lodernde Feuerzungen. Es war, als tränken sie die Feuer dürstend ein. Auf jeden ergoss sich dieses heilige Feuer in verschiedener Stärke und Färbung. So löste sich die Glanzwolke nach und nach in einen Lichtregen auf.

In der großen Versammlung entstand eine freudige Kühnheit. Alle waren bewegt und von Freude und Zuversicht ergriffen. Sie traten um die Heilige Jungfrau, die, von tiefer Erquickung erfüllt, doch in stiller Fassung blieb. Die Apostel umarmten sich und waren von einer frohen Begeisterung durchdrungen. Auch die Frauen umarmten sich. Alle Jünger und Anwesenden waren ebenso bewegt. Die Apostel eilten zu ihnen. In allen war ein neues Leben voll Freude, Zuversicht und Kühnheit. Die innere Erleuchtung und Stärkung ging in ein Danksagen über. Sie lobsangen Gott in großer Bewegung.

Petrus hielt nun eine Rede an die Jünger und sandte mehrere hinaus zu anderen Wohlgesinnten. Viele gute Menschen hatten eine innere Erleuchtung empfangen, auch viele Fremde, die zum Fest in Jerusalem waren. Auch in der Natur war eine allgemeine Erweckung.

Die ausgesandten Jünger kündeten nun freudetrunken überall die Erfüllung des Heiligen Geistes und forderten alle auf, sich an dem Teich Bethesda zu sammeln, der in der Nähe lag. Staunen und Bestürzung erfasste die Fremden, weil jeder sie in seiner eigenen Sprache verstand.

Unterdessen legte Petrus im Abendmahlssaale fünf Aposteln die Hände auf und sandte diese zum Lehren und Taufen an den Teich. Ehe sie sich mit dem Weihegerät nach dort begaben, empfingen sie kniend den Segen der Heiligen Jungfrau.

Am Teich Bethesda strömten nun viele Menschen zusammen. Es war eine große Lebendigkeit und Freude unter ihnen; die Jünger erklärten ihnen immer wieder mit großer innerer Bewegung, was geschehen.

Im Voraus war von Jesus selbst dieser Tag zum Taufen bestimmt worden, und so waren schon manche Vorbereitungen dazu gemacht. Sie hatten eine alte, verfallene Synagoge am Teich erworben und zu ihrer neuen Kirche mit Altar, Abteilungen und Schranken eingerichtet. Die Wände waren mit Teppichen behangen, zum Teich führte ein gedeckter Zeltgang.

Die Apostel begaben sich nun in ihren langen weißen Festkleidern, in feierlicher Reihe paarweise gehend, mit den Geräten zur Wasserweihe und Taufe nach dieser Kirche. Die Heilige Jungfrau, die Frauen und Jünger folgten ihnen. Sie wurden von der versammelten Menge mit großer Freude empfangen.

Die fünf Apostel, welchen Petrus die Hände aufgelegt hatte, verteilten sich nun an die fünf Eingänge des Teiches und sprachen zu dem versammelten Volk mit großer Begeisterung. Petrus aber betrat einen Lehrstuhl, der für ihn in der Mitte der Terrassen errichtet war. Die Zuhörer füllten alle Terrassen des Teiches. Petrus erhob seine Stimme kühn und feurig. Das Volk nahte in einzelnen Scharen abwechselnd und geordnet dem Lehrstuhl Petri. Die anderen Apostel sprachen in der Umgebung.

Als sich viele zur Taufe erboten, weihte Petrus mit Johannes und Jakobus feierlich das Wasser. Die fünf Apostel, denen Petrus die Hände aufgelegt hatte, tauften an den fünf Eingängen.

Die Heilige Jungfrau und die anderen Frauen teilten in der Synagoge die weißen Kleider an die Täuflinge aus. Die zuerst Getauften waren meist Jünger und Anhänger, welche die Johannestaufe empfangen hatten.

Auch die heiligen Frauen wurden getauft. Die vorbereitenden Lehren und das Taufen dauerten den ganzen Tag. Es waren etwa dreitausend Menschen, welche heute zur Gemeinde kamen. Am Abend kehrten sie in das Abendmahlshaus zurück und hielten noch eine Mahlzeit. Es wurde viel gesegnetes Brot ausgeteilt. Danach hielten sie das Abendgebet mit Lob- und Dankgesängen.

Auch an den folgenden Tagen wurden Lehre, Gebet und Taufe am Teiche und in der Synagoge fortgesetzt. Hier entstand der abgeschlossene Wirkungskreis der ersten Christen. Viele siedelten sich um die neue Kirche an, in welche die Apostel in feierlicher Prozession das Allerheiligste gebracht hatten, und es entstand die erste christliche Gemeinde.

Der dich, o Jungfrau, in den Himmel aufgenommen und gekrönt hat

In der Nähe von Ephesus auf einem wild bewachsenen Berg war eine hochgelegene, breite Ebene. Es war eine einsame Gegend mit vielen fruchtbaren, anmutigen Hügeln, reinlichen Felshöhlen zwischen kleinen Landflächen und alten Bäumen. Hier hatten sich christliche Familien und heilige Frauen niedergelassen. Sie wohnten zerstreut in Erd- und Felshöhlen, die mit leichtem Holzwerk zu Wohnungen ergänzt waren. – Die Heilige Jungfrau hatte einige Jahre in Bethanien gewohnt, und als die Juden Lazarus und seine Schwestern auf dem Meere aussetzten, nahm Johannes sie mit sich nach Ephesus und baute ihr in dieser Siedlung auf dem Berge, wo auch vertraute Frauen der Heiligen Jungfrau wohnten, ein Haus von Stein.

Es war gar still und einsam hier. Maria lebte mit einer jüngeren Magd allein im Haus in tiefstem Frieden. Manchmal besuchte sie ein Apostel oder Jünger, am häufigsten Johannes, der ihr das heilige Sakrament brachte.

Eine kleine Wegstrecke hinter dem Haus stieg ein felsiger Berggipfel an, von welchem man über Hügel und Bäume hinaus auf Ephesus und das Meer mit seinen vielen Inseln sah.

Maria hatte sich eine kleine Strecke Wegs den Berg hinan eine Art Kreuzweg angelegt. In Jerusalem hatte sie nie unterlassen, den Leidensweg ihres Sohnes unter Tränen und Mitleid zu wandeln; sie kannte alle Stellen, wo Jesus gelitten, nach ihrer Entfernung, und nun wandelte sie hier diesen Weg in der Leidensbetrachtung und richtete Gedenksteine auf zur Erinnerung an das, was ihrem Sohn widerfahren war. – Der Weg führte in einen Wald. Dort hatte sie auf einem Hügel den Kalvarienberg bezeichnet und tiefer, am Fuße des Hügels in einer Felshöhle, das Grab Christi. – Diesen Weg wandelte sie immer wieder in stiller Betrachtung, oft auch mit ihrer Magd oder anderen Frauen, auch mit Aposteln und Jüngern, die sie besuchten. Sie richteten alles immer wegsamer und schöner zum Gebet. – So lebte sie viele Jahre.

Als ihr Sterben nahte, wurden die Apostel und einige Jünger, meist Verwandte, aus der ganzen Welt an ihr Sterbebett gerufen durch innere Stimmen, öfter auch durch einen Engel. – Nach und nach trafen alle im Hause Mariens auf dem Berge in Ephesus ein.

Der vordere Teil des Hauses wurde ausgeräumt und zum Gottesdienst gerichtet. Hier feierte der heilige Petrus täglich die heilige Messe und spendete die heiligen Sakramente, und immer wieder wurde gemeinsam gebetet und Psalmen gesungen.

Die Heilige Jungfrau ruhte still und todesnah auf ihrem Lager; sie war ganz wie von Sehnsucht verzehrt. Große Sorge und Trauer herrschte in ihrer Umgebung. – Als Maria erkannte, dass ihr Ende herannahte, wollte sie nach dem Willen Jesu die anwesenden Apostel, Jünger und Frauen segnen und von ihnen Abschied nehmen. Ihre Schlafzelle wurde nach allen Seiten hin geöffnet; sie saß aufgerichtet auf ihrem Lager. – Sie betete und segnete einen jeden Apostel mit kreuzweise gelegten Händen, indem sie seine Stirn berührte. Sie redete dann noch zu allen. Nach den Aposteln näherten sich auch die anwesenden Jünger und empfingen den

Segen gleich diesen. – Die Männer begaben sich hierauf wieder in den vorderen Raum des Hauses und bereiteten sich zum Gottesdienst, während die anwesenden Frauen dem Lager der Heiligen Jungfrau nahten, niederknieten und ihren Segen empfingen. Eine von ihnen beugte sich ganz über Maria und wurde von ihr umarmt.

Unterdessen war der Altar gerüstet und die Apostel kleideten sich zum Gottesdienst in ihre langen, weißen Kleider und breiten Gürtel mit Buchstaben.

Sie waren noch mit ihrer Kleidung beschäftigt, als Jakobus der Ältere mit Begleitern aus Spanien über Rom ankam. Man wusch ihm die Füße, er ordnete sein Gewand, und so ging er noch in den Reisekleidern zu der Heiligen Jungfrau und empfing ihren Segen gleich den anderen.

Der Gottesdienst war schon etwas vorgerückt, als Philippus mit einem Begleiter aus Ägypten ankam. Er begab sich sogleich zur Mutter des Herrn, empfing ihren Segen und weinte heftig.

Nachdem Petrus kommuniziert hatte, reichte er auch allen anderen Aposteln das heilige Sakrament und nun brachte er der Heiligen Jungfrau das heilige Abendmahl und die Letzte Ölung. Alle Apostel begleiteten ihn in feierlicher Ordnung.

Die Heilige Jungfrau ruhte still und bleich auf dem

Rücken. Sie schaute mit unverwandtem Blick aufwärts, sie schimmerte von Sehnsucht. Beim Empfang des heiligen Sakramentes ging ein Glanz in Maria ein, worauf sie wie entzückt niedersank und nicht mehr sprach. Ihr Angesicht war nun blühend und lächelnd wie in ihrer Jugend. Sie hatte die Augen in heiliger Freude gen Himmel gerichtet. Die Decke war verschwunden, sie sah durch den offenen Himmel in das himmlische Jerusalem hinein. Es senkten sich zwei Engelchöre herab. Zwischen diesen goss sich eine Lichtbahn zu Maria nieder. Sie streckte die Arme mit unendlicher Sehnsucht nach oben, und ihre Seele ging wie eine kleine, unendlich reine Lichtgestalt aus ihrem Leibe und schwebte auf der Lichtbahn hinauf, die wie ein glänzender Berg himmelan stieg.

Die Arme über der Brust gekreuzt, sank ihr Leib auf das Lager nieder. Ihre Seele ging auf der leuchtenden Straße in das himmlische Jerusalem hinein bis zum Throne der Allerheiligsten Dreifaltigkeit. Viele Seelen, viele Patriarchen, Joachim, Anna, Josef, Elisabeth, Zacharias und Johannes der Täufer zogen ihr mit freudiger Ehrfurcht entgegen. Sie aber schwebte durch alle hindurch zum Throne Gottes. Ihr Sohn, der mit dem Licht seiner Wunden das Licht seiner ganzen Erscheinung überstrahlte, empfing sie mit göttlicher Liebe. Er überreichte ihr ein Zepter und zeigte damit rings über die Erde nieder. – Petrus und Johannes hatten ihr Angesicht emporgerichtet. Die anderen Apostel, Jünger und Frauen lagen rings auf den Knien und beteten. Alles war voll Licht und Glanz.

Später breiteten die Frauen eine Decke über den heiligen Leib. Das Feuer des Herdes wurde zugedeckt, alles Gerät beiseite geräumt. Die Frauen verhüllten und verschleierten sich und hielten eine Totenklage. Die Männer feierten einen Trauergottesdienst. Zwei Apostel knieten abwechselnd betend zu Häupten und Füßen des heiligen Leibes. – Matthias und Andreas gingen den Kreuzweg entlang bis zu jener Höhle, die das Grab Christi vorstellte, und bereiteten das Grablager, denn hier sollte der Leib der Heiligen Jungfrau ruhen.

Eine Anzahl Frauen bereiteten den Leib zur Beerdigung mit großer Scheu und Ehrfurcht auf jüdische Weise mit Tüchern und Gewürzen. Ehe das liebe Antlitz verhüllt wurde, traten alle Anwesenden herein und knieten unter vielen Tränen still um die Heilige Jungfrau herum und berührten Abschied nehmend die auf der Brust eingewickelten Hände. – Hierauf wurde das heilige Angesicht verhüllt, der Deckel über den Sarg gedeckt und mit Binden umwickelt.

Petrus und Johannes trugen nun den Sarg auf einer Tragbare aus dem Hause hinaus. Ein Teil der anwesenden Apostel und Jünger ging voraus, andere und die Frauen folgten. So ging der Zug auf dem Kreuzweg bis zur letzten Station in die Grabeshöhle. Hier setzten sie den Sarg nieder in das ausgetiefte Totenlager. Alle Anwesenden gingen noch einmal hinein, legten Gewürze und Blumen umher, knieten und opferten Tränen und Gebet. – Schmerz und Liebe machten sie verweilen. Es war schon Nacht, als die Apostel den Grabeingang verschlossen.

Die Heimkehrenden sahen aus der Ferne ein wunderbares Leuchten über dem Grabe, ohne zu wissen, was es bedeute.

Vom Himmel senkte sich eine Lichtbahn gegen das Grab nieder; in ihr bewegte sich eine Glorie von Engeln und Geistern in drei Kreisen, welche unseren Herrn und die leuchtende Seele Marias umgaben. – In dem Felsen schwebte die Seele der Heiligen Jungfrau an Jesus vorüber in das Grab und bald darauf stieg sie, mit ihrem verklärten Leibe vereinigt, viel deutlicher und leuchtender aus dem Grab heraus und zog mit dem Herrn und der ganzen Glorie in das himmlische Jerusalem empor, worauf aller Glanz wieder einsank und der stille Sternenhimmel die Gegend bedeckte.

Einzelne Jünger, die betend und singend auf dem Kreuzweg mit der Tragbahre heimzogen, hatten sich mit großer Rührung und Andacht nach dem Lichte über dem Grabfelsen hingewandt. Andere Apostel und heilige Frauen, die staunend und anbetend emporgeschaut, warfen sich erschüttert mit dem Gesicht auf die Erde nieder.

Heimgekehrt nahmen die Apostel und Jünger einige Speisen zu sich und gingen dann zur Ruhe, ebenso die Frauen. In dieser Nacht, als alle schliefen, langte der Apostel Thomas mit zwei Begleitern an und pochte an das Gitter des Hofes.

Wie waren sie betrübt, als sie hörten, dass sie zu spät gekommen. Die Jünger wuschen ihnen die Füße und erquickten sie ein wenig. Unterdessen waren die Frauen aufgestanden, und man führte Thomas an die Stelle, wo die Heilige Jungfrau gestorben war. Er warf sich auf die Erde und benetzte sie mit Tränen. Seine Trauer war unaussprechlich rührend.

Thomas war in Indien gewesen, als der rufende Engel zu ihm gekommen war. Vor dieser Mahnung hatte er sich aber schon entschlossen, in die Tartarei zu ziehen, und konnte sich nicht bezwingen, es nun zu unterlassen. Da wurde er nochmals gerufen, worauf er nach Ephesus eilte, aber jetzt zu spät kam.

Die Apostel fassten Thomas unter den Armen, zogen ihn von den Knien auf, umarmten ihn und führten ihn in den vorderen Raum. Dort gaben sie ihm kleine Brote und Honig zu essen. Sie beteten auch zusammen und umarmten einander. – Nun zündeten sie Leuchten an, die auf Stangen befestigt waren, und zogen alle mit ihm auf dem Kreuzweg Mariens hinaus zu ihrem Grabe.

Thomas eilte zum Eingang der Höhle, Johannes folgte ihm und löste die Bänder an dem leichten Korbsarge auf und stellte den Deckel zur Seite. Nun leuchteten sie in den Sarg und sahen mit tiefer Erschütterung die Grabtücher in der ganzen Form der Einhüllung leer vor sich liegen.

Da erinnerten sie sich jener Lichtwolke, welche sie gleich nach dem Begräbnis auf dem Heimweg gesehen hatten, wie sie auf den Grabhügel niedergesunken und dann wieder emporgeschwebt war.

Sie weinten und beteten und priesen den Herrn und seine liebe, verklärte Mutter, die auch ihre liebe, treue Mutter geworden war.